Mon Potager Bio Anti-inflation

Mon Potager Bio Anti-inflation

Hugues Botlan

© 2023 Hugues Botlan

Couverture, illustrations, écriture, conception graphique, mise en page et
Édition : BoD - Books on Demand, info@bod.fr
ISBN : 978-2-3225-0182-3
Dépôt légal : Octobre 2023
Impression : BoD - Books on Demand, In de Tarpen 42, Norderstedt (Allemagne)
Impression à la demande

Toute reproduction, intégrale ou partielle, par quelque procédé que ce soit (photocopie, décalque, microfilm, duplicateur ou tout autre procédé analogique ou numérique), de la présente publication, faite sans autorisation de l'auteur est illicite (article L/122.4 du Code de la propriété intellectuelle) et constitue une contrefaçon.

Quelles économies ?	9
Les parcelles	13
La rotation des légumes	17
Les semis / plantations	19

Les légumes « souterrains » — 27

L'ail	29
La betterave rouge	30
La carotte	31
Le céleri rave	32
L'échalote	33
Le navet	34
L'oignon	35
Le panais	36
La pomme de terre	37
Le radis	38
Le radis noir	39
Le rutabaga	40
Le topinambour	41

Les légumes "grains" — 43

La fève	45
Le haricot vert	46
Les lentilles	47
Le maïs	48
Les petits pois	49

Les légumes « feuilles » — 51

La blette (poirée)	53
Le céleri-branche	54
Le chou chinois	55
Le chou kale	56
Le chou pommé	57
Le chou-rave	58
L'endive	59
L'épinard	60
La laitue	61
La mâche	62
Le poireau	63
La roquette	64

Les légumes « fleurs » — 65

L'artichaut	67
Le chou brocoli	68
Le chou-fleur	69

Les légumes perpétuels — 71

L'ail rocambole	73
Le céleri perpétuel	74
Le chou d'Aubenton	75
L'oignon ciboule	76
L'oignon rocambole	77
L'oseille épinard	78
Le poireau perpétuel	79
La rhubarbe	80

Les légumes « fruits »   81

L'aubergine   83
Le concombre   84
La courgette   85
Le melon   86
La pastèque   87
Le poivron   88
Le potimarron   89
La tomate   90

Les aromatiques   91

L'aneth   93
Le basilic   94
La ciboulette   95
La coriandre   96
L'estragon   97
Le laurier sauce   98
La menthe   99
L'origan   100
Le persil   101
Le romarin   102
La sauge officinale   103
Le thym   104
La verveine citronnelle   105

Les fruitiers   107

L'actinidia (kiwi)   109
Le cassissier   110
Le cerisier   111
Le fraisier   112
Le framboisier   113
Le goji   114
Le groseillier à grappe   115
Le mûrier ronce   116
Le myrtillier   117
Le pêcher de vigne   118
Le poirier   119
Le pommier   120
La vigne   121

Les partenaires du potager   123

Récupérer ses semences   131

Avant-propos

Ces derniers mois sont marqués par une très forte inflation des prix.

Les fruits et les légumes n'y échappent pas et il est pertinent de devenir son propre producteur pour continuer à s'alimenter sainement sans se ruiner, et sans dépendre de systèmes logistiques parfois défaillants.

Cet ouvrage concret de 130 pages est un condensé d'informations utiles pour la conduite de culture des principales plantes potagères.

Ainsi vous y trouverez toutes les informations et techniques pour créer vos parcelles - que vous viviez en milieu rural ou urbain - réaliser vos semis, conduire vos cultures, traiter naturellement vos plantes potagères, récolter vos fruits et légumes bio et récupérer vos propres semences.

Ce livre complet et léger vous accompagnera au fil des saisons afin de produire des fruits et des légumes sains et peu onéreux.

A vous une meilleure alimentation et des économies substantielles (jusqu'à 500 euros estimés sur une saison pour un potager de 30 m^2).

Quelles économies ?

Démarrer un potager nécessite quelques outils, de la surface cultivable ou des bacs, des graines ou des plants et du temps. Il s'agit donc d'un investissement sur le plan matériel et personnel.

Les outils peuvent être récupérées ou acheté d'occasion sur des sites ou en vide grenier. Il existe également des vide-jardin dans lesquelles il est possible d'acheter ou échanger des plants et des graines.

Au-delà des économies réalisées, faire un potager c'est aussi être dehors, pratiquer une activité physique, et avoir la satisfaction de produire ses propres fruits et légumes bio.

Les économies que vous réaliserez seront fonction des paramètres suivants :
- La superficie cultivée ;
- La qualité du sol ;
- L'entretien régulier et les techniques employées ;
- Le type de fruits et légumes cultivés (certains ayant plus de valeur que d'autres au kilo)
- Du choix des variétés : certaines variétés étant plus productives que d'autres ;
- Le climat (région, humidité, sécheresse...).

Saisons après saisons, le sol s'améliore, les techniques sont mieux maitrisées, les graines récupérées et les récoltes plus importantes.

A quelles économies s'attendre ?

Le tableau ci-dessous liste la production d'un potager urbain d'environ 30 m² avec les tarifs pratiqués en ferme maraichère.

Type	Légumes/fruits	Récolte (kg) ou pièce	Prix au kilo ou unité	Economies
Racine	Ail rose	3,00	11,50 €	34,50 €
	Betterave	0,32	6,70 €	2,14 €
	Carotte	0,05	2,50 €	0,13 €
	Echalote	1,97	8,40 €	16,55 €
	Navet	0,67	4,00 €	2,68 €
	Patate douce	10,34	5,85 €	60,49 €
	Poire de terre	5,47	8,00 €	43,76 €
	Pommes de terre	4,00	3,50 €	14,00 €
	Radis	0,12	8,00 €	0,96 €
	Topinambour	3,80	7,35 €	27,93 €
Grain	Petits pois	1,29	5,50 €	7,10 €
	Haricots	4,20	9,20 €	38,64 €
Feuilles	Blettes	2,40	5,95 €	14,28 €
	Chou chinois	6,40	6,00 €	38,40 €
	Laitues	12,00	1,95 €	23,40 €
Fleur	Artichaut	0,70	8,00 €	5,60 €
Légumes fruits	Aubergine	1,34	4,90 €	6,57 €
	Concombre	1,23	4,10 €	5,04 €
	Courgettes	16,18	3,50 €	56,63 €
	Melon	0,5	3,80 €	1,9 €
	Poivron	0,12	5,50 €	0,66 €
	Potimarron	9,00	2,55 €	22,95 €
	Tomates	10,56	3,60 €	38,02 €
Fruits	Fruits rouges (cassis, framboises, fraises)	1,73	26,00 €	44,98 €
	Vigne	0,75	7,40 €	5,55 €
				512,86 €

En une saison, il est donc possible d'économiser plus de 500 euros en fruits et légumes avec 30 mètres carrés.

Vos économies seront d'autant plus importantes si vous disposez d'une grande superficie de culture, d'un verger, de temps, de plants productifs …

Les parcelles

La culture sur butte

La culture sur butte permet de créer des microclimats adaptés aux différentes plantes en fonction de leurs besoins en humidité, en ensoleillement et de leur tolérance au vent.

Elle présente plusieurs avantages :
- la décomposition de la matière organique, apporte la chaleur et les nutriments favorisant la croissance des plantes ; les rendements et limitant les champignons ;
- les couches souterraines stockent l'eau comme des éponges, limitant les arrosages ;
- la superficie de culture est plus grande ;
- La tenue dans le temps : il suffit d'apporter du compost et de maintenir une couverture de paillis ;
- Les déchets sont recyclés.

Couches successives d'une butte :

Paillage végétal sur 20-30 cm <u>en surface</u> (mélange de broyat d'arbuste, tontes, aiguilles de pin…), à renouveler.
Terre noire sur 20 cm (pour les plantations)
Branches, tontes et feuilles vertes sur 10 cm tassées pour combler les trous d'air
Troncs, branches mortes & broyat forestier spongieux enfouis sur 35 cm de profondeur (maintient et diffuse l'humidité dans le sol)

Cette technique de couches successives peut être appliquée à la culture en carrés.

La culture dite « *en lasagne* »

La culture « *en lasagne* » consiste à créer une parcelle construite sur une succession de couches de matières organiques.
Deux types de matériaux constituent les différentes couches :
- les matériaux carbonés (feuilles mortes, paille, branchages, carton sans encre ni colles) ;
- les matériaux azotés « verts » (tontes de pelouses, épluchures, mauvaises herbes...).

Les avantages sont les mêmes qu'une butte, mais une lasagne nécessite d'être en partie reconstituée l'année d'après avec au moins une couche carbonée et une couche azotée.

Création d'une parcelle en lasagne :

- Délimiter la zone (de forme libre ou en ligne), de préférence bien exposée au soleil, en tenant compte de la quantité de matériaux carbonés et azotés disponible ;
- Décompacter la terre ;
- Recouvrir la parcelle en alternant des couches carbonées puis azotées de maximum 10 cm d'épaisseur ;
- A 40 cm de hauteur (ou plus car les lasagnes s'affaissent avec le temps), recouvrir de compost ou de terreau puis recouvrir d'un paillis ;
- Laisser reposer et la décomposition s'opérer pendant un mois minimum avant de planter les premiers plants.

Couches successives d'une lasagne :

Paillage végétal sur 20-30 cm en surface
Compost / terreau
Couche azotée (5 à 10 cm)
Couche carbonée (5 à 10cm)
Couche azotée (5 à 10 cm)
Couche carbonée (5 à 10 cm)

La rotation des légumes

Alterner les types de légumes, familles botaniques et variétés favorise l'amélioration du sol et la rupture des chaines de contamination.

Légumes "fruits"
(Consomment du potassium K)

Légumes "souterrains"
(Consomment du phosphore P et du potassium K)

Légumes "feuilles" et "fleurs"
(consomment de l'azote N et régénèrent le sol)

Légumes "graines"
(Fixent l'azote N atmosphérique dans le sol)

Les semis

Quelques conseils pour les semis

Le substrat

Utiliser un terreau souple, aéré, drainant. Composé de 2/3 de tourbe et de 1/3 sable. Le maintenir humide, sans le détremper.

La profondeur du semi

Plus la graine est petite, plus elle sera déposée en surface.
Plus la graine est grosse, plus le sillon ou le poquet sera profond.
La profondeur est égale à deux/trois fois le diamètre de la graine.

- Entre 0,5 et 1 cm de profondeur : aubergine, carotte, céleri, laitue, mâche, navet, persil, poireau, poirées, radis, tomate ;
- À 2 cm de profondeur : betterave, chou, concombre, courgette, épinard, melon, oignon, potiron, radis noir ;
- À 3 cm de profondeur : légumes grains (pois, haricot, fève).

La température de germination

- À partir de 8°C : épinard, oignon, radis ;
- Entre 10 et 12°C : endive, maïs, blette ;
- Entre 15 et 18°C : potimarron, céleri ;
- Entre 18 et 20°C : patate douce, chou kale.

La lumière

Des semis qui filent vers le haut, sont des semis qui manquent de lumière.

Échelonner

Échelonner les semis (en les décalant de trois semaines par exemple) permet d'étaler les récoltes.

Calendrier des semis

Les légumes « souterrains »

Ail	J	F	M	A	M	J	J	A	S	**O**	**N**	D
Betterave rouge	J	F	M	**A**	**M**	**J**	J	A	S	O	N	D
Carotte	J	F	M	**A**	**M**	**J**	**J**	A	S	O	N	D
Céleri rave	J	F	M	**A**	**M**	J	J	A	S	O	N	D
Echalote	J	**F**	**M**	A	M	J	J	A	S	O	N	D
Navet	J	F	**M**	**A**	**M**	**J**	**J**	**A**	S	O	N	D
Oca du Pérou	J	F	M	A	M	J	J	A	S	O	N	D
Oignon	J	F	**M**	**A**	M	J	J	**A**	**S**	O	N	D
Panais	J	F	**M**	**A**	**M**	**J**	**J**	A	S	O	N	D
Patate douce	J	F	M	A	**M**	J	J	A	S	O	N	D
Poire de terre	J	F	M	A	**M**	J	J	A	S	O	N	D
Pomme de terre	J	F	**M**	**A**	**M**	J	J	A	S	O	N	D
Radis	J	F	**M**	**A**	**M**	**J**	**J**	**A**	**S**	O	N	D
Radis noir	J	F	M	A	M	**J**	**J**	**A**	S	O	N	D
Rutabaga	J	F	M	**A**	**M**	**J**	**J**	A	S	O	N	D
Topinambour	J	F	M	**A**	M	J	J	A	S	O	N	D

Les légumes « grains »

Légume	J	F	M	A	M	J	J	A	S	O	N	D
Fève	J	F	M	A	M	J	J	A	S	**O**	**N**	D
Haricot vert	J	F	M	A	**M**	**J**	**J**	A	S	O	N	D
Lentille	J	**F**	**M**	**A**	**M**	**J**	J	A	S	O	N	D
Maïs	J	F	M	A	**M**	**J**	J	A	S	O	N	D
Petit pois	**J**	**F**	**M**	**A**	**M**	**J**	J	A	S	O	N	D
Quinoa	J	F	**M**	**A**	M	J	J	A	S	O	N	D

Les légumes « feuilles »

Légume	J	F	M	A	M	J	J	A	S	O	N	D
Blette	J	F	M	**A**	**M**	**J**	J	A	S	O	N	D
Cèleri-branche	J	**F**	**M**	**A**	**M**	J	J	A	S	O	N	D
Chou chinois	J	F	M	A	M	J	**J**	**A**	S	O	N	D
Chou kale	J	F	M	A	**M**	**J**	**J**	A	S	O	N	D
Chou pommé	J	**F**	**M**	A	M	J	J	A	S	O	N	D
Endive	J	F	M	A	M	**J**	**J**	A	S	O	N	D
Épinard	**J**	**F**	**M**	A	M	J	J	**A**	**S**	O	N	D
Laitue	J	**F**	**M**	**A**	M	J	J	A	**S**	**O**	N	D
Mâche	J	F	M	A	M	J	**J**	**A**	**S**	**O**	N	D
Poireau	J	**F**	**M**	**A**	**M**	J	J	**A**	**S**	O	**N**	D
Roquette	J	F	M	**A**	**M**	**J**	**J**	**A**	**S**	**O**	N	D

Les légumes « fleurs »

Légume	J	F	M	A	M	J	J	A	S	O	N	D
Artichaut	J	F	**M**	**A**	M	J	J	A	**S**	**O**	N	D
Chou brocoli	J	F	**M**	**A**	**M**	**J**	J	A	S	O	N	D
Chou-fleur	J	F	**M**	**A**	**M**	**J**	J	A	S	O	N	D

Les légumes perpétuels

Légume	J	F	M	A	M	J	J	A	S	O	N	D
Ail rocambole	J	**F**	M	A	M	J	J	A	**S**	**O**	**N**	D
Cèleri perpétuel	J	F	M	**A**	**M**	**J**	J	A	S	O	N	D
Chou frisé d'Aubenton	J	F	**M**	A	**M**	J	J	A	S	O	N	D
Oignon ciboule	J	F	**M**	**A**	**M**	J	J	A	S	O	N	D
Oignon rocambole	J	**F**	**M**	A	M	J	J	A	**S**	**O**	N	D
Oseille épinard	J	**F**	**M**	**A**	**M**	**J**	J	A	S	O	N	D
Poireau perpétuel	J	F	M	A	M	J	J	**A**	**S**	O	N	D
Rhubarbe	J	F	**M**	A	M	J	J	A	S	O	**N**	D

Les légumes « fruits »

Aubergine	J	F	M	A	M	J	J	A	S	O	N	D
Chayote	J	F	M	A	M	J	J	A	S	O	N	D
Concombre, cornichon	J	F	M	A	M	J	J	A	S	O	N	D
Courgette	J	F	M	A	M	J	J	A	S	O	N	D
Melon	J	F	M	A	M	J	J	A	S	O	N	D
Pastèque	J	F	M	A	M	J	J	A	S	O	N	D
Poivron, piment	J	F	M	A	M	J	J	A	S	O	N	D
Potimarron	J	F	M	A	M	J	J	A	S	O	N	D
Tomate	J	F	M	A	M	J	J	A	S	O	N	D

Les aromatiques

Artémisinine	J	F	M	A	M	J	J	A	S	O	N	D
Aneth	J	F	M	A	M	J	J	A	S	O	N	D
Basilic	J	F	M	A	M	J	J	A	S	O	N	D
Ciboulette	J	F	M	A	M	J	J	A	S	O	N	D
Coriandre	J	F	M	A	M	J	J	A	S	O	N	D
Estragon	J	F	M	A	M	J	J	A	S	O	N	D
Menthe	J	F	M	A	M	J	J	A	S	O	N	D
Origan	J	F	M	A	M	J	J	A	S	O	N	D
Persil	J	F	M	A	M	J	J	A	S	O	N	D
Romarin	J	F	M	A	M	J	J	A	S	O	N	D
Sauge officinale	J	F	M	A	M	J	J	A	S	O	N	D
Thym	J	F	M	A	M	J	J	A	S	O	N	D

Calendrier des plantations

Les aromatiques

Laurier sauce	J	F	M	A	M	J	J	A	S	O	N	D
Verveine citronnelle	J	F	M	A	M	J	J	A	S	O	N	D

Les fruitiers

Actinidia (Kiwi)	J	F	M	A	M	J	J	A	S	O	N	D
Cassissier	J	F	M	A	M	J	J	A	S	O	N	D
Cerisier	J	F	M	A	M	J	J	A	S	O	N	D
Chèvrefeuille bleu	J	F	M	A	M	J	J	A	S	O	N	D
Fraisier	J	F	M	A	M	J	J	A	S	O	N	D
Framboisier	J	F	M	A	M	J	J	A	S	O	N	D
Goji	J	F	M	A	M	J	J	A	S	O	N	D
Groseillier	J	F	M	A	M	J	J	A	S	O	N	D
Mûrier ronce	J	F	M	A	M	J	J	A	S	O	N	D
Myrtillier	J	F	M	A	M	J	J	A	S	O	N	D
Pêcher de Vigne	J	F	M	A	M	J	J	A	S	O	N	D
Poirier	J	F	M	A	M	J	J	A	S	O	N	D
Pommier	J	F	M	A	M	J	J	A	S	O	N	D
Vigne	J	F	M	A	M	J	J	A	S	O	N	D

Description des fiches

| Type de légume, aromatique ou fruit | *Nom latin de la plante*
Famille botanique |

Description succincte de la plante potagère.

Semis / Plantation	Période de semi ou de plantation (variable selon les variétés semées et le climat) Gris plus clair = semi en région chaude ou sous abri
	J F M A M J J A S O N D
Récolte	J F M A M J J A S O N D
	Période de récolte Gris plus clair = Récoltes variables selon les variétés et le climat

+	Avantages ; associations favorables.
-	Inconvénients ; associations moins favorables.

Plantation & conduite de culture	Informations sur le semis, la plantation, la conduite de culture.
Récolte	Informations sur la récolte.
Semences Multiplication	Informations sur la récupération des semences ou la multiplication du plant. Durée germinatives variables selon les types de graines et leurs conditions de stockage.

Les légumes « souterrains »

(Bulbes, tubercules, racines, rhizomes)

L'ail	29
La betterave rouge	30
La carotte	31
Le céleri rave	32
L'échalote	33
Le navet	34
L'oignon	35
Le panais	36
La pomme de terre	37
Le radis	38
Le radis noir	39
Le rutabaga	40
Le topinambour	41

L'ail

Légume souterrain	Nom latin : *Allium Savitum* Famille botanique : Liliaceae

Plante vivace bulbeuse potagère. Une tête d'ail se compose de plusieurs caïeux.

Semis	J	F	M	A	M	J	J	A	S	O	N	D
Récolte	J	F	M	A	M	J	J	A	S	O	N	D

+	En rotation après carottes, betteraves, laitues, poireaux, radis, tomates, thym, fraises. L'ail ne fait pas d'ombre
−	Eviter la proximité avec choux, pois, haricots, fèves. Jamais deux saisons de suite au même endroit, jamais après les échalotes et les oignons.
Plantation & conduite de culture	L'ail blanc se sème à l'automne, l'ail rose en fin d'hiver. Placer les caïeux tous les 10 cm, pointe vers le haut à 2-3 cm de profondeur, dans un sol léger, riche, ameubli, bien drainé, exposé au soleil. Recouvrir de terre en laissant les pointes dépasser légèrement. Si le sol est trop humide, former une petite butte et plantez les caïeux à son sommet. Désherber régulièrement. Arroser en cas de sécheresse (sauf si les bulbes sont déjà bien formés).
Récolte	Coucher les feuilles en Juin. Récolter lorsque les tiges se fanent et jaunissent. Enlever toute la terre du bulbe à la main et laisser sécher quelques jours au soleil.
Semences	Conserver quelques caïeux extérieurs.

La betterave rouge

Légume souterrain	Nom latin : *Beta Vulgaris* var. *rapacea* Famille botanique : Chénopodiaceae

Plante herbacée biannuelle cultivée pour sa racine charnue.

Semis	J	F	M	**A**	**M**	**J**	J	A	S	O	N	D
Récolte	J	F	M	A	M	J	J	A	S	O	N	D

+	En rotation après haricots, pois, tomates, choux, laitue, cèleris ou radis. Associer avec aneth, choux, haricots, pois, oignons, salades, radis, navets.
-	Eviter la proximité avec poireaux, carottes, tomates, épinards.

Plantation & conduite de culture	Semer à 2 cm de profondeur dans un sol frais, profond et meuble, enrichi en phosphore et potasse. Exposition ensoleillée. Un plant tous les 20 cm. Arroser régulièrement pour éviter une montée en graine.
Récolte	Stocker dans des cagettes de sable, à l'abri de la lumière, dans un local frais et aéré.
Semences	Laisser monter en graine quelques plants (variétés anciennes). Récolte des graines l'année suivante. Durée germinative de 6 à 10 ans.

La carotte

Légume souterrain	Nom latin : *Daucus carota L.* Famille botanique : Apiaceae (Ombellifères)

Plante herbacée biannuelle cultivée pour sa racine.

Semis	J	F	M	A	M	J	J	A	S	O	N	D
Récolte	J	F	M	A	M	J	J	A	S	O	N	D

+	En rotation après choux, laitues, ail, oignons. Association avec tomates, ciboulette, salades, oignons, poireaux, échalotes, ail, pois, romarin, coriandre, laitues, poivrons, radis, piments, haricots, choux.
-	Eviter les associations avec betteraves, cèleris, panais, menthe, pommes de terre.
Plantation & conduite de culture	Semer directement en terre quand le sol est réchauffé, à partir de 10-15°c. Semer dans une terre riche, meuble, sablonneuse, en plein soleil ou à mi-ombre, dans des sillons espacés de 15 cm, à 1 cm de profondeur. Eclaircir au stade 2-3 feuilles tous les 5 cm. Arrosage régulier jusqu'à la levée (compter 1 mois), puis 1 fois par semaine. Arroser avec des cendres de bois (pour l'apport de potassium). Pailler.
Récolte	Stocker dans des cagettes de sable, à l'abri de la lumière, sans les fanes ou congeler en rondelles.
Semences	Laisser quelques carottes en monter en graine (variétés anciennes). Récolte des graines sur les ombelles l'année suivante. Durée germinative 4 à 5 ans.

Le céleri rave

Légume souterrain	Nom latin : *Apium graveolens rapaceum* Famille botanique : Apiaceae

Plante cultivée pour sa racine arrondie, consommée crue ou cuite. Adaptée aux climats maritimes.

Semis	J	F	M	A	M	J	J	A	S	O	N	D
Récolte	J	F	M	A	M	J	J	A	S	O	N	D

+	Bonne association avec laitues, choux, pois, haricots, carottes, mâche, poireaux, concombres, cornichons, ail, betteraves, épinards, radis, tomates.
-	Eviter le persil et les pommes de terre à proximité

Plantation & conduite de culture	Semis au chaud. Repiquer au stade 2 feuilles puis 4 feuilles avant de planter fin Avril dans une terre fraiche, meuble, enrichie en compost et cendre de bois, tous les 40 cm. Pailler et arroser régulièrement (sensible à la sécheresse).
Récolte	À partir de Septembre.
Semences	Laisser un plant en place. Les fleurs blanches réunies en ombelles produiront de petites graines.

L'échalote

Légume souterrain	Nom latin : *Allium cepa var. aggregatum* Famille botanique : Alliaceae

Plante condimentaire à bulbe.

Semis	J	F	M	A	M	J	J	A	S	O	N	D
Récolte	J	F	M	A	M	J	J	A	S	O	N	D

+	Associer avec fraises, laitues, betteraves.
−	Pas de rotation après ail, oignons, poireaux (attendre 3 à 5 ans). Eviter la proximité avec fèves, pois et haricots.

Plantation & conduite de culture	L'échalote grise est semée en automne ; l'échalote rose est semée au printemps. Semer à 2 cm de profondeur dans un sol sableux, léger, sans apport organique, peu humide, ensoleillé. Espacer de 12 –à 20 cm chaque plant. Arroser lors de la formation des bulbes en cas de sécheresse. Sensible à l'humidité.
Récolte	Lorsque les tiges se fanent et jaunissent, laisser sécher deux à trois jours au soleil. Conservation au frais et au sec. Les échalotes grises peuvent se conservent jusqu'en décembre, les roses jusqu'au printemps de l'année suivante.
Semences	Conserver quelques échalotes au frais et au sec pour les réutiliser comme plants l'année d'après.

Le navet

Légume souterrain	Nom latin : *Brassica rapa* Famille botanique : Brassicaceae

Plante biannuelle, cultivée pour sa racine charnue, ronde, plate ou allongée. Variétés précoces et tardives.

Semis	J	F	M	A	M	J	J	A	S	O	N	D
Récolte	J	F	M	A	M	J	J	A	S	O	N	D

+	Rustique. Associer avec carottes, épinards, laitues, menthe, romarin, petits pois, betteraves, cèleris, mâche. Le fenouil éloigne la mouche du navet.
-	Jamais après un chou.
Plantation & conduite de culture	Les variétés de printemps et d'été se sèment de mars à juin ; les variétés d'automne et d'hiver de mi-juillet à mi-août. Semer en place en ligne distantes de 25 cm, à 1 cm de profondeur, dans un sol drainé, exposition ensoleillée ou mi-ombre. Le navet ne se repique pas. Eclaircir en laissant un plant tous les 10 cm. Pailler. Arroser par temps sec.
Récolte	Récolter lorsqu'ils font 8-10 cm de diamètre. Conservation dans une caisse de sable au frais et au sec après avoir supprimé le feuillage au niveau du collet.
Semences	Laisser monter un plant en graine (variétés anciennes). Durée germinative 4 à 5 ans.

L'oignon

Légume souterrain	Nom latin : *Allium cepa* Famille botanique : Alliaceae

Plante biannuelle condimentaire à bulbe. Différentes variétés blancs, jaunes, roses, rouges.

Semis	J	F	M	A	M	J	J	A	S	O	N	D
Récolte	J	F	M	A	M	J	J	A	S	O	N	D

+	Associer avec carottes, romarin, laitues, tomates, concombres, ail, aneth, coriandre, fraises, salades, radis, pommes de terre, betteraves rouges.
-	Eviter les fèves, aubergines, pois, haricots verts, poireaux, ciboulette, poivrons, choux brocolis à proximité. Attendre 3 à 5 ans après ail, échalotes, oignons.
Plantation & conduite de culture	Les colorés (jaunes et rouges) se plantent en février-mars, les blancs en été. Semer les bulbilles à 2 cm de profondeur, plants espacés de 12 à 20 cm. Exposition ensoleillée. Ne pas arroser une fois le bulbe formé. Fin Juin plier le feuillage à hauteur du collet pour favoriser la croissance du bulbe.
Récolte	Lorsque les tiges se fanent, jaunissent et sèchent. Conservés suspendus dans un local frais et aéré. Les oignons de couleur se conservent tout l'hiver.
Semences	Laisser monter en graine quelques plants l'année suivante (variétés anciennes). Durée germinative 2 ans.

Le panais

Légume souterrain	Nom latin : *Pastinaca sativa* Famille botanique : Apiaceae

Plante rustique ancien, cultivée pour sa racine blanchâtre.

Semis	J	F	M	A	M	J	J	A	S	O	N	D
Récolte	J	F	M	A	M	J	J	A	S	O	N	D

+	Rustique
-	Les tiges et feuilles du panais sont toxiques.

Plantation & conduite de culture	Semer tous les 15 cm dans une terre profonde, riche, maintenue humide et bien exposée.
Récolte	Récolter en fonction des besoins à partir de 4 mois après le semis.
Semences	Laisser monter en graine quelques racines qui fleuriront en ombelles au printemps suivant. Tuteurer l'inflorescence qui peut mesurer 2 mètres. Durée germinative courte : 1 an.

La pomme de terre

Légume souterrain	Nom latin : *Solanum tuberosum* Famille botanique : Solanaceae
Tubercule.	

Semis Récolte	J F M A M J J A S O N D J F M A M J J A S O N D
+	Associer haricots, fèves, œillets d'Inde, pois, thym, ail, chou-fleur ou oignons à proximité.
-	Sensible au froid et aux gelées tardives. Eviter l'association avec les aubergines, tomates, courges, courgettes et carottes.
Plantation & conduite de culture	Planter dans un sol pas trop humide, réchauffé (>10°c), riche en matières organiques, tous les 30 à 40 cm, germe tourné vers le haut, à 10 cm de profondeur. Exposition ensoleillé ou mi-ombre. Espacer les rangs de 60 à 80 cm pour faciliter le travail de buttage. Butter plusieurs fois à partir de 15-20 cm de hauteur.
Récolte	Récolter quand les fanes jaunissent. Conserver dans un local obscur, frais et aéré. Eliminer les germes en hiver.
Semences	En période de crise, couper en deux les bulbes de l'année pour multiplier le nombre de semences pour l'année d'après, faire cicatriser avec de la cendre de bois.

Le radis

Légume souterrain	Nom latin : *Raphanus Sativus* Famille botanique : Brassicaceae
	Légume racine à cycle de développement court.
Semis Récolte	J F M A M J J A S O N D J F M A M J J A S O N D
+	Association favorable avec haricots, pois, choux, laitues, épinards, tomates, carottes, salades, melons, origan ou fraises.
-	Eviter la proximité avec les concombres, cornichons, courgettes et choux brocolis. Pas de rotation après les choux et navets.
Plantation & conduite de culture	Semis superficiel dans un sol léger, frais, sableux et riche, ensoleillé ou à mi-ombre. Une graine tous les 3-4 cm. Garder la terre humide (la sécheresse rend le radis creux et piquant).
Récolte	Environ 4 à 6 semaines après le semis.
Semences	Laisser monter quelques plants en graine (variétés anciennes). Durée germinative 4 à 5 ans.

Le radis noir

Légume souterrain	Nom latin : *Raphanus Sativus* Famille botanique : Brassicaceae

Plante herbacée cultivée pour sa racine.

Semis	J	F	M	A	M	J	J	A	S	O	N	D
Récolte	J	F	M	A	M	J	J	A	S	O	N	D

+	Associer avec tomates, betteraves, laitues ou carottes.
−	Eviter la proximité avec les potimarrons, courgettes, choux brocoli, cornichons.
Plantation & conduite de culture	Dans un sol léger, sableux et fertile, à mi-ombre. Un plant tous les 12-15 cm. Garder la terre humide (la sécheresse rend le radis piquant).
Récolte	3 mois après le semi.
Semences	Laisser monter quelques plants en graine (variétés anciennes). Durée germinative 4 à 5 ans.

Le rutabaga

Légume souterrain	Nom latin : *Brassica napus* var. *napobrassica*. Famille botanique : Brassicaceae

Plante rustique qui proviendrait d'un croisement entre le navet et le chou frisé, cultivée pour sa racine.

Semis	J	F	M	A	M	J	J	A	S	O	N	D
Récolte	J	F	M	A	M	J	J	A	S	O	N	D

+	Rusticité.
-	Jamais après un chou.

Plantation & conduite de culture	Semer dans un sol riche en humus à 2 cm de profondeur, et éclaircir tous les 25cm. Pailler le sol et arroser par temps sec. Comme tout brassicacée, il craint les attaques de piérides.
Récolte	Récolter 3 à 4 mois après le semis, en fonction des besoins. Conserver à l'abri du gel, en cave obscure, fraîche, sèche et bien aérée ou laisser en terre pendant tout l'hiver.
Semences	Laisser monter un plant en graine. Durée germinative 4 à 5 ans.

Le topinambour

Légume souterrain	Nom latin : *Helianthus tuberosus*. Famille botanique : Astéraceae

Plante vivace, cultivée pour ses tubercules dont tiges peuvent mesurer jusqu'à 2,50 m de hauteur.

Semis	J	F	**M**	**A**	**M**	J	J	A	S	O	N	D
Récolte	J	F	M	A	M	J	J	A	S	O	N	D

+	Rustique. Fait de l'ombre.
-	Envahissant.

Plantation & conduite de culture	S'adapte à tous les sols. Préférer un sol riche pour améliorer le rendement, et choisir un endroit ensoleillé où il sera cultivé plusieurs saisons. Semer des tubercules germés tous les 50 à 70 cm dans un sol souple et profond.
Récolte	A partir de 7 mois après la plantation. Récolter selon les besoins jusqu'au printemps suivant.
Semences	En laissant quelques tubercules dans le sol, la production repartira l'année suivante.

Les légumes « grains »

La fève	45
Le haricot vert	46
Les lentilles	47
Le maïs	48
Les petits pois	49

La fève

Légume	Nom latin : *Vicia faba*
Grains	Famille botanique : Fabaceae

Légumineuse produisant d'épaisses gousses.

Semis	J	F	M	A	M	J	J	A	S	O	N	D
Récolte	J	F	M	A	M	J	J	A	S	O	N	D

+	Planter à proximité de laitues, potimarrons, cèleris, maïs, pommes de terre ou aneth (qui repousse les pucerons).
-	Eviter l'association avec les poivrons, haricots, tomates, ail, oignons, ciboulette et échalotes.

Plantation & conduite de culture	Préparer le sol avec un engrais riche en potasse. Semer 1 grain à 2 cm de profondeur, tous les 10-15 cm. Maintenir humide le temps de la levée. Butter à partir de 20 cm de hauteur et tuteurer. Pincer au-delà de la 5ème fleur. Arroser régulièrement.
Récolte	A partir de 3 à 4 mois après le semi.
Semences	Laisser murir et sécher quelques gousses (variétés anciennes). Durée germinative 5 ans.

Le haricot vert

Légume Grains	Nom latin : *Phaseolus vulgaris* Famille botanique : Fabaceae

Légumineuse, deux variétés « nains » ou « à rame » (grimpante).

Semis	J	F	M	A	**M**	**J**	**J**	A	S	O	N	D
Récolte	J	F	M	A	M	J	J	A	S	O	N	D

+	A associer aux betteraves, aubergines, salades, choux, carottes, céleris, concombres, laitues, épinards, fraisiers, pommes de terre ou maïs (pouvant servir de tuteur pour les variétés à rames). Ses racines contiennent des bactéries (Rhizobium) qui captent et enrichissent le sol en azote.
-	Eviter ail, échalotes, oignons, poireaux, ciboulette, pois, et tomates à proximité.
Plantation & conduite de culture	Tremper les graines pendant 4 heures avant de semer dans un sol assez chaud (>10°c), ameubli, léger à 4cm de profondeur tous les 3-4 cm, en sillons espacés de 30 à 80 cm selon les variétés. Exposition ensoleillée. Butter les pieds (améliorer l'enracinement), pailler. Arroser s'il fait chaud.
Récolte	Récolter quand ils mesurent 12-15 cm, avant qu'ils ne soient trop bosselés. Congélation : écosser et eau bouillante 1 à 2 minutes. Egoutter. Rafraichir à l'eau froide. Sécher. Congeler.
Semences	Laisser murir et sécher des gousses (variétés anciennes). Durée germinative 3 ans.

Les lentilles

Légume	Nom latin : *Lens culinaris*
Grains	Famille botanique : Fabaceae

Légumineuse

Semis	J	F	M	A	M	J	J	A	S	O	N	D
Récolte	J	F	M	A	M	J	J	A	S	O	N	D

+	Pas d'influence particulière observée.
-	Eviter l'association avec ail, oignons, échalotes, poireaux et ciboulette.
Plantation & conduite de culture	Semis tous les 40 cm, sol bien drainé (pas d'excès d'humidité) et ensoleillé. Butter le plan à 10 cm, pailler.
Récolte	Laisser sécher les pieds arrachés au soleil une journée. Deux lentilles par gousse.
Semences	Des lentilles issues de variétés reproductibles.

Le maïs

Légume Grains	Nom latin : Zea mays Famille botanique : Poaceae

Plante annuelle mesurant 1m50 à 2m50 cultivée pour ses épis.

Semis	J	F	M	A	**M**	**J**	J	A	S	O	N	D
Récolte	J	F	M	A	M	J	J	A	S	**O**	N	D

+	Peut servir de tuteur pour les haricots à rames, ou pour les plants de concombres ou cornichons.
-	Fait de l'ombre.

Plantation & conduite de culture	Après les gelées, semer en poquet en déposant 3-4 graines dans un sol ameubli, tous les 30-40 cm à 2-3 cm de profondeur. Eclaircir en ne laissant que le plus beau plant. Butter le pied quand il atteint 15-20 cm de hauteur.
Récolte	Récolter 4 mois après le semis, lorsque l'enveloppe autour de l'épi est sèche et brune.
Semences	Récupérer quelques grains pour les semences de l'année suivante (semences reproductives) Durée germinative : 2 ans.

Les petits pois

Légume Grains	Nom latin : *Pisum sativum* Famille botanique : Fabaceae

Légumineuse. , deux variétés « nains » ou « à rame » (grimpante).

Semis	J	F	M	A	M	J	J	A	S	O	N	D
Récolte	J	F	M	A	M	J	J	A	S	O	N	D

+	A associer à proximité de betteraves, laitues, courgettes, radis, cornichons, carottes, choux, concombres, épinards, cèleris, haricots, navets ou maïs (qui peut servir de tuteur). Enrichie le sol en azote.
-	Eviter la proximité avec ail, échalotes, oignons, tomates, poireaux et persil.
Plantation & conduite de culture	Tremper les graines 4 heures avant semi. Semer tous les 2-3 cm, à 1 cm de profondeur, en sillons espacés de 30 à 60 cm selon les variétés, dans un sol assez chaud (10°c min), léger, riche et ensoleillé. Butter les pieds au stade 5 feuilles (pour l'enracinement), pailler. Des banchages ramifiés secs peuvent servir de tuteurs pour les variétés à rames. Attendre 4 ans avant de cultiver des pois au même endroit.
Récolte	A partir de 3-4 mois suivant le semis. Congélation : écosser & plonger dans l'eau bouillante 1 à 2 minutes. Egoutter. Rafraîchir à l'eau glacée. Sécher.
Semences	Laisser murir et sécher quelques gousses (variétés anciennes). Durée germinative 2 à 6 ans.

Les légumes « feuilles »

La blette (poirée)	53
Le céleri-branche	54
Le chou chinois	55
Le chou kale	56
Le chou pommé	57
Le chou-rave	58
L'endive	59
L'épinard	60
La laitue	61
La mâche	62
Le poireau	63
La roquette	64

La blette

Légume Feuille	Nom latin : *Beta vulgaris* Famille botanique : Amaranthaceae ou Chenopodiaceae

Plante bisannuelle cultivée pour ses larges côtes (pétioles) blancs ou colorés.

Semis	J	F	M	A	M	J	J	A	S	O	N	D
Récolte	J	F	M	A	M	J	J	A	S	O	N	D

+	Résiste bien à la sécheresse.
−	Sensible au gel.

Plantation & conduite de culture	Semer en poquets dans une terre fraiche, profonde, tous les 30 cm. Eclaircir au stade 3-4 feuilles. Arroser régulièrement pour éviter une montée en graines.
Récolte	Récolter à partir de 2-3 mois après le semis. Couper côtes et feuilles en fonction des besoins.
Semences	Laisser un plant monter en graines la saison d'après (variété reproductible).

Le céleri-branche

Légume Feuille	Nom latin : *Apium graveolens* Famille botanique : Apiaceae

Plante bisannuelle cultivée pour ses côtes et ses feuilles parfumées.

Semis Récolte	J F **M A M** J J A S O N D J F M A M J **J** A S O N D
+	En association avec les choux, pois, haricots, carottes, mâche, poireaux, concombres, cornichons, ail, betteraves, épinards, radis ou tomates.
-	Eviter la proximité avec le persil et les pommes de terre.
Plantation & conduite de culture	Semer et repiquer au stade 3-4 feuilles. Planter au stade 8 feuilles, dans un sol humide, riche en humus, ensoleillé, tous les 30 cm. Butter au maximum, lier et pailler les côtes 15 jours avant la récolte pour les blanchir. Arroser en matinée.
Récolte	Couper côtes et feuilles en fonction des besoins.
Semences	Laisser monter un plant en graine (variété reproductible). Durée germinative 7 ans.

Le chou chinois

Légume Feuille	Nom latin : *Brassica chinensis* Famille botanique : Brassicaceae

Deux grands types : le Pet-Saï et le Pak-Choï.

Semis	J	F	M	A	M	J	J	A	S	O	N	D
Récolte	J	F	M	A	M	J	J	A	S	O	N	D

+	En association avec les courgettes.
−	Ne pas semer trop tôt dans l'année car le chou chinois monte facilement en graines durant l'été.

Plantation & conduite de culture	Semer en poquets, tous les 30 cm, dans un sol frais et préalablement enrichi en matières organiques. Maintenir le sol frais et humide
Récolte	Deux à trois mois après le semis, jusqu'aux premières gelées automnales.
Semences	Laisser fleurir, et récolter les graines quand les gousses sont sèches (attention aux croisements avec d'autres types de choux).

Le chou kale

Légume Feuille	Nom latin : *Brassica oleracea var. sabellica* Famille botanique : Brassicaceae

Chou frisé.

Semis	J	F	M	A	**M**	**J**	**J**	A	S	O	N	D
Récolte	J	F	M	A	M	J	J	A	S	**O**	**N**	**D**

+	Résistant au gel (-10°c)
-	

Plantation & conduite de culture	Semer à 5mm de profondeur. Repiquer lorsque les plants mesurent 5 cm de haut (stade 6 à 8 feuilles), tous les 50 cm, dans un sol frais et riche (épuise en azote). Exposition +/- ombragée. Butter et pailler 1 mois après la plantation. Installer un filet anti-insecte pour prévenir les attaques de piérides.
Récolte	Les récoltes s'étalent d'octobre à février. Le gel rend les feuilles plus tendres.
Semences	Laisser un plant fleurir et monter en graines la saison suivante (variétés reproductives).

Le chou pommé

Légume **Feuille**	Nom latin : *Brassica oleracea* Famille botanique : Brassicaceae

Plante biannuelle.

Semis	J	F	M	A	M	J	J	A	S	O	N	D
Récolte	J	F	M	A	M	J	J	A	S	O	N	D

+	En association avec les pommes de terre, carottes, épinards, pois, haricots, salades, basilic, menthe, tomates, cèleris, betteraves, coriandre, mâche ou thym (qui éloigne la piéride).
-	Eviter la proximité avec persil, courgettes, poireaux, oignons et fraisiers.
Plantation & conduite de culture	Semer en godet en Mars-Avril. Repiquer en Mai-Juin au stade 4-6 feuilles, en enterrant jusqu'aux premières feuilles, tous les 50 à 65 cm, en plein soleil, dans un sol humifère, riche, bien drainé. Arrosage régulier jusqu'à la levée et en cas de sécheresse. Biner, pailler. Planter des branches fraiches de genêts entre les plants pour éloigner les parasites. Renouveler lorsqu'ils sont secs. Protéger des attaques de piérides en installant un filet.
Récolte	A partir de 3 mois après la plantation.
Semences	Laisser fleurir, et récolter les graines quand les gousses sont sèches (gare aux croisements avec d'autres types de choux). Durée germinative 5 ans.

Le chou-rave

Légume Feuille	Nom latin : *Brassica oleracea var. gongylodes* Famille botanique : Brassicaceae

Plante biannuelle cultivée pour sa tige renflée sphérique verte pâle ou violette, consommée crue râpée ou cuite.

Semis	J	F	M	**A**	**M**	**J**	J	A	S	O	N	D
Récolte	J	F	M	A	M	J	**J**	**A**	**S**	O	N	D

+	Résistant au froid. Associer aux laitues, oignons, betteraves ou concombres.
-	Eviter la proximité avec les fraises, tomates, haricots.
Plantation & conduite de culture	Semer au début du printemps jusqu'en été à 1 cm de profondeur dans une terre riche, fraiche et meuble, exposée au soleil ou à mi-ombre. En cas de semis en pépinière, repiquer au stade 3-4 feuilles, tous les 25 cm. Arroser en soirée par temps sec.
Récolte	Deux à trois mois après la plantation, lorsque la tige mesure plus de 5 cm de diamètre. Couper au ras du sol.
Semences	Laisser un plant : une hampe florale produisant des graines apparait la saison suivante.

L'endive

Légume
Feuille

Nom latin : *Cichorium intybus var. foliosum L*
Famille botanique : Asteracées

Légume obtenu après une double opération :
- Production de racines par semis/repiquage/ récolte
- Forçage des racines dans l'obscurité.

Semis	J	F	M	A	M	J	J	A	S	O	N	D
Forçage / récolte	J	F	M	A	M	J	J	A	S	O	N	D

+	Association favorable avec les carottes, navets, poireaux, choux, haricots ou radis.
-	Culture longue. Association défavorable avec les artichauts, laitues et topinambours.
Plantation & conduite de culture	Semer dans un sol riche et éclaircir tous les 15-20 cm au stade 4 feuilles. Arracher les racines avant les premières gelées. Laisser reposer les racines 10 jours. Déposer les racines verticalement dans une tranchée de 50 cm de profondeur et les recouvrir. (le forçage peut aussi se faire en cave dans une cagette remplie d'un mélange de terre et de sable.
Récolte	3 à 4 semaines après le début du forçage
Semences	Laisser fleurir et monter en graine une endive l'année suivante.

L'épinard

| Légume Feuille | Nom latin : *Spinacia oleracea*
Famille botanique : Chenopodiaceae |

Plante potagère bi-annuelle. Plusieurs variétés (été/automne).

Semis	J	F	**M**	**A**	M	J	J	**A**	**S**	O	N	D
Récolte	J	F	**M**	**A**	**M**	J	J	**A**	**S**	**O**	N	D

+	En rotation après des légumes « grains » Les épinards s'associent aux betteraves, carottes, cèleris, choux, concombres, laitues, fraises, haricots, navets, poireaux, pois, fèves, radis ou tomates.
-	Eviter la proximité avec les pommes de terre et le fenouil. Eviter d'en cultiver au même endroit avant 3-4 ans.
Plantation & conduite de culture	Semer directement en place dans les lignes espacées de 30 à 40 cm, dans un sol frais et riche (épuise le sol en azote). Exposition +/- ombragée (surtout l'été). Eclaircir au stade 5 feuilles en laissant un plant tous les 8-10 cm. Arroser en soirée.
Récolte	Récolter deux mois après le semi. Les cueillettes fréquentes, en préservant le cœur du plant, stimulent l'apparition de nouvelles feuilles.
Semences	Laisser monter quelques plants en graine ou semer quelques plants en été (variétés reproductives). Durée germinative 4 à 5 ans.

La laitue

| **Légume** | Nom latin : *Lactuca sativa* |
| **Feuille** | Famille botanique : Asteraceae |

Légume annuel, variétés précoces et tardives.

Semis	J	F	M	A	M	J	J	A	S	O	N	D
Récolte	J	F	M	A	M	J	J	A	S	O	N	D

| **+** | Associations possibles avec aneth, fraisiers, oignons, betteraves, concombres, carottes, chou-fleur, courgettes, poireaux, radis, haricots, menthe ou épinards. |
| **-** | Eviter l'association aux céleris et persil. |

Plantation & conduite de culture	Selon les variétés : • les laitues de printemps sont semées en pépinière en Février/Mars • les laitues d'été sont semées en Avril/Juin • les laitues d'automne sont semées de Mai à Juin • Les laitues d'hiver sont semées en pépinière de Septembre à Octobre Ne pas trop enfouir les graines lors du semis. Repiquer au stade 4-5 feuilles, dans un sol drainé, riche, meuble et frais, tous les 25-30 cm. Arroser régulièrement pour éviter les montées en graine en période estivale. Pailler.
Récolte	A partir de 2 mois après le semi.
Semences	Laisser monter en graine quelques plants. Durée germinative 4 à 5 ans.

La mâche

Légume Feuille	Nom latin : *Valerianella Locusta* Famille botanique: Caprifoliaceae

Plante herbacée aux feuilles vertes arrondies, en rosette, se superposant pour former de petites touffes.

Semis	J	F	M	A	M	J	**J**	**A**	**S**	**O**	**N**	D
Récolte	J	F	M	A	M	J	J	A	S	**O**	**N**	**D**

+	En association avec les céleris, poireaux, fenouil, haricots, chou-fleur, choux vert de milan ou oignons blancs.
-	Aucune influence défavorable observée.

Plantation & conduite de culture	Planter au stade 3-4 feuilles, dans une terre meuble, riche, humifère, tous les 10 cm, à mi-ombre. Arrosage régulier jusque la levée. Pailler avec des feuilles mortes l'hiver.
Récolte	Les cueillettes fréquentes stimulent l'apparition de nouvelles feuilles.
Semences	Laisser monter quelques plants en graine (variétés reproductibles). Durée germinative 5 ans.

Le poireau

Légume Feuille	Nom latin : *Allium porrum* Famille botanique : Alliaceae

Légume rustique, en forme de cylindre blanc à la base, composé de longues feuilles vertes superposées à l'extrémité.

Semis Récolte	J F M A M J J A S O N D J F M A M J J A S O N D
+	S'associe aux carottes (qui éloignent la teigne du poireau), épinards, thym, tomates, cèleris, laitues, mâche, oignons. Rotation après tomates, concombres.
-	Eviter l'association avec pois et haricots.
Plantation & conduite de culture	• Les poireaux d'été sont semés sous abri en fin d'hiver ; • Les poireaux d'automne sont semés de Mars à Mai en pépinière ; • Les poireaux de printemps sont semés en pleine terre en Août/Septembre puis repiqués en Octobre/Novembre. Repiquer quand les plants font le diamètre d'un crayon (4 mm minimum) : couper 1 à 2 cm de racines et 5 à 7 cm de feuillage, et planter les fûts très profondément, tous les 10 cm. Laisser 30 à 40 cm entre les rangs pour ensuite butter autour des fûts. Arrosez abondamment et paillez. Butter régulièrement et pailler avec des feuilles mortes en fin d'automne autour du pied (sur 15-20 cm d'épaisseur). Pour favoriser la croissance, couper la partie supérieure des feuilles.
Récolte	Récolter au fur et à mesure des besoins.
Semences	Laisser monter quelques plants en graine. Durée germinative de 2 à 6 ans.

La roquette

Légume Feuille	Nom latin : *Eruca sativa* Famille botanique : Brassicaceae

Plante cultivée pour ses feuilles.

Semis Récolte	J F M **A M J J A S O** N D J F **M A M J J A S O N** D

+	Culture rapide. Deux cycles de culture par an.
-	

Plantation & conduite de culture	Semer à l'ombre en été et en plein soleil l'hiver. Semer d'avril à août pour les récoltes de juin à novembre et en septembre/octobre pour les récoltes printanières. Semer à 1 cm de profondeur et éclaircir tous les 5 – 10 cm. Arroser régulièrement (le temps chaud rend la roquette dure et amère et la fait monter en graines). Attendre 2 ans avant de ressemer au même endroit.
Récolte	Récolter à partir de 6 semaines après le semis.
Semences	Laisser quelques plants monter en graines.

Les légumes « fleurs »

L'artichaut	67
Le chou brocoli	68
Le chou-fleur	69

L'artichaut

Légume Fleur	Nom latin : *Cynara scolymus* Famille botanique : Astéracées

Plante vivace pouvant atteindre 1m50 de haut cultivée pour ses inflorescences (réceptacle floral et base des bractées).

	J	F	M	A	M	J	J	A	S	O	N	D
Semis	J	F	M	A	M	J	J	A	**S**	**O**	N	D
Récolte	J	F	M	A	M	J	J	A	S	O	N	D

+	Adapté au littoral salé. Résistant aux petites gelées. Produit de l'ombre
−	Fait de l'ombre.

Plantation & conduite de culture	Planter au soleil dans une terre enrichie en matières organiques. Arroser régulièrement. Protéger avec un voile d'hivernage en cas de forte gelée.
Récolte	Production 3 années de suite : jusqu'à 3 têtes la première année, jusqu'à 12 têtes les années suivantes.
Semences	Multiplication par œilletons séparés du plant avec leurs racines.

Le chou brocoli

Légume	Nom latin : *Brassica oleracea* var. *italica*
Fleur	Famille botanique : Brassicaceae

Plante potagère qui présente une tige centrale ferme ramifiée en petits bouquets qui, à la floraison, sont parsemés de minuscules fleurs jaunes. Cueilli avant l'éclosion de ses fleurs jaunes.

Semis	J	F	M	A	M	J	J	A	S	O	N	D
Récolte	J	F	M	A	M	J	J	A	S	O	N	D

+	Associer avec betteraves, navets, courgettes, poireaux, tomates, cèleris, aneth, thym, menthe, absinthe ou romarin. En rotation après laitues, ail, oignons, pois.
-	Eviter la proximité avec les fraisiers, radis noir, radis, chou-fleur, ail, oignons.

Plantation & conduite de culture	Semer en godet (semer en pleine terre à partir de Juin). Repiquer au stade 4-6 feuilles, tous les 60-70 cm, dans une terre fraiche, riche en humus, fertile. Exposition mi-ombre. Installer un filet de protection pour prévenir les attaques de piérides. Arrosage généreux, avec du purin d'ortie de temps en temps (action fongicide). Bien pailler le plant en hiver.
Récolte	Récolter avant l'ouverture des boutons floraux. Conserver tête en bas, dans un endroit frais et sec.
Semences	Laisser fleurir, et récolter les graines quand les gousses sont sèches (attention aux croisements avec d'autres types de choux). Durée de germination 4 à 5 ans.

Le chou-fleur

Légume	Nom latin : *Brassica oleracea* var. *Botrytis*
Fleur	Famille botanique : Brassicaceae

Plante potagère cultivée pour son méristème floral hypertrophié et charnu.

Semis	J	F	M	A	M	J	J	A	S	O	N	D
Récolte	J	F	M	A	M	J	J	A	S	O	N	D

+	En association avec céleris, laitues, pommes de terre, oignons, épinards, mâche et aromatiques.
-	Eviter la proximité avec les choux de milan, brocolis et fraises.
Plantation & conduite de culture	Semer en godet à partir de février. Planter au stade 4-6 feuilles tous les 60 cm, dans une terre fraiche, riche en humus, fertile. Exposition ensoleillée. Pailler avec du compost. Installer un filet de protection contre les piérides. Lorsque le chou atteint 10 cm de diamètre, casser la nervure principale des feuilles pour protéger la pomme du soleil et préserver la couleur blanche.
Récolte	Lorsque le méristème est bien formé.
Semences	Laisser fleurir, et récolter les graines quand les gousses sont sèches (attention aux croisements avec d'autres types de choux). Durée de germination 5 à 6 ans.

Les légumes perpétuels

L'ail rocambole	73
Le céleri perpétuel	74
Le chou d'Aubenton	75
L'oignon ciboule	76
L'oignon rocambole	77
L'oseille épinard	78
Le poireau perpétuel	79
La rhubarbe	80

Ce chapitre est consacré aux légumes perpétuels, c'est-à-dire aux plantes qui peuvent être laissées plusieurs saisons au même endroit du potager.

Le topinambour (p. 41), l'artichaut (p. 67), et l'estragon (p. 97), abordés dans d'autres chapitres, peuvent aussi rester plusieurs saisons au même emplacement.

L'ail rocambole

Légume perpétuel	Nom latin : *Allium Sativum Scorodoprasum* Famille botanique : Liliaceae

Vivace pouvant mesurer 80 cm produisant des fleurs mauves puis des bulbilles aériens mesurant 1 à 2 cm.

Semis	J	F	M	A	M	J	J	A	S	O	N	D
Récolte	J	F	M	A	M	J	J	A	S	O	N	D

+	Rustique (résistant au gel jusqu'à -15°C).
-	Eviter la proximité avec choux, pois, haricots, fèves.

Plantation & conduite de culture	Semer en octobre-novembre ou en février des bulbilles dans une terre ameublie et profonde. Réserver 50 cm autour du plant. Exposition ensoleillée ou mi-ombre.
Récolte	Les bulbilles apparaissent au bout de 6 mois (parfois plus). Récolter par temps sec lorsque le feuillage se dessèche.
Semences	Peut rester en place plusieurs années. Conserver des bulbilles.

Le céleri perpétuel

Légume perpétuel	Nom latin : *Levisticum officinale* Famille botanique : Apiaceae

Plante condimentaire vivace dont les feuilles ont la saveur du céleri pouvant mesurer jusqu'à 2 mètres. Aussi appelé livèche.

Semis	J	F	M	A	M	J	J	A	S	O	N	D
Récolte	J	F	M	A	M	J	J	A	S	O	N	D

+	Rustique.
-	Fait de l'ombre.

Plantation & conduite de culture	Semer en place d'avril à juin. Planter de mars à novembre dans un sol riche, profond à mi-ombre. Rabattre les tiges avant les gelées.
Récolte	Prélever les feuilles au fur et à mesure des besoins.
Semences	Les hampes florales apparaissent la deuxième année.

Le chou frisé d'Aubenton

Légume perpétuel

Nom latin : *Brassica oleracea var. ramosa*
Famille botanique : Brassicaceae

Chou perpétuel, cultivé pour ses jeunes pousses, consommées crues ou cuites, pouvant rester en place jusqu'à 5 ans.

Plantation	J	F	M	A	M	J	J	A	S	O	N	D
Récolte	J	F	M	A	M	J	J	A	S	O	N	D

+	Rustique jusqu'à -15°C.
-	Fait de l'ombre

Plantation & conduite de culture	Réserver 1 mètre en tous sens. Planter de préférence au printemps dans un sol riche et frais. Pailler le pied.
Récolte	La récolte régulière des feuilles favorise le développement compact et la production.
Multiplication	Par bouturage en fin d'été.

L'oignon ciboule

Légume perpétuel	Nom latin : *Allium fistulosum* Famille botanique : Liliaceae

Vivace cultivée pour ses tiges tubulaires aromatiques (plus charnues que celles de la ciboulette) et non pour son bulbe.

Semis	J	F	**M**	**A**	**M**	J	J	A	S	O	N	D
Récolte	J	F	M	A	M	J	J	A	S	O	N	D

+	Rustique. Association avec les carottes, pommiers.
−	

Plantation & conduite de culture	Semer en godet au chaud (18°C). Repiquer tous les 20 cm en tous sens dans une terre riche et souple.
Récolte	Toute l'année, en fonction des besoins.
Semences	Après floraison.

L'oignon rocambole

Légume perpétuel

Nom latin : *Allium cepa var. proliferum*
Famille botanique : Alliaceae

Légume perpétuel qui produit des bulbilles aériennes.

Semis	J	F	M	A	M	J	J	A	S	O	N	D
Récolte	J	F	M	A	M	J	J	A	S	O	N	D

+	Rustique.
-	

Plantation & conduite de culture	Planter les bulbilles en fin d'hiver ou au début de l'automne, à 3 cm de profondeur, tous les 30 cm, au soleil. Rabattre le feuillage à 5 cm après la cueillette.
Récolte	Les tiges, feuilles, bulbilles et oignons souterrains se consomment. Conserver les bulbilles au frais.
Semences	Conserver quelques bulbilles.

L'oseille épinard

Légume perpétuel	Nom latin : *Rumex patientia* Famille botanique : Polygonaceae

Vivace qui produit des feuilles en rosette, pouvant rester en place jusqu'à 5 ans.

Semis	J	F	M	A	M	J	J	A	S	O	N	D
Récolte	J	F	M	A	M	J	J	A	S	O	N	D

+	Rustique.
-	Envahissante.

Plantation & conduite de culture	Semer en godet et repiquer au stade 4-5 feuilles tous les 30 cm, dans une terre légère et riche. Exposition ensoleillée ou mi-ombre. Supprimer les hampes florales pour favoriser l'apparition des jeunes pousses.
Récolte	Récolter au fur et à mesure des besoins.
Semences	Laisser fleurir et récupérer les inflorescences sèches.

Le poireau perpétuel

Légume perpétuel Nom latin : *Allium ampeloprasum*
Famille botanique : Amaryllidacées

Petit poireau vivace, cultivé comme plante condimentaire.

Semis	J	F	M	A	M	J	J	A	S	O	N	D
Récolte	J	F	M	A	M	J	J	A	S	O	N	D

+	Résistant au froid et à la sécheresse. A proximité des carottes.
−	Eviter la proximité avec les légumineuses.

Plantation & conduite de culture	Semer les bulbes en fin d'été, à 5 cm de profondeur, tous les 10 cm. Exposition ensoleillée.
Récolte	Quelques semaines après le semis. Couper les feuilles à 2 cm de la base et les laisser repousser.
Semences	Récupérer des bulbilles en les détachant du pied.

La rhubarbe

Légume perpétuel	Nom latin : *Rheum rhaponticum* Famille botanique : Polygonaceae

Plante potagère cultivée pour ses tiges.

Plantation	J	F	**M**	**A**	M	J	J	A	S	O	**N**	D
Récolte	J	F	M	A	**M**	**J**	**J**	**A**	S	O	N	D

+	Rustique.
-	Toxicité du limbe des feuilles (concentration élevé en acide oxalique).

Plantation & conduite de culture	Planter en mars-avril ou en novembre dans un sol riche en humus, frais, profond, mi-ombragé, tous les 1m50. Pailler. Couper la tige florale.

Récolte	**Ne pas en consommer les feuilles.** Les pétioles se consomment cuits avec du sucre, en tarte ou en confiture. Conservation au congélateur Arrêter les cueillettes en août pour régénérer le pied.

Multiplication	En divisant les touffes.

Les légumes « fruits »

L'aubergine	83
Le concombre	84
La courgette	85
Le melon	86
La pastèque	87
Le poivron	88
Le potimarron	89
La tomate	90

L'aubergine

Légume fruit	Nom latin : *Solanum melongena* Famille botanique : Solanaceae

Plante herbacée annuelle pouvant mesurer jusqu'à 80 cm.

Semis	J	F	M	A	M	J	J	A	S	O	N	D
Récolte	J	F	M	A	M	J	J	A	S	O	N	D

+	Placer proche des plants d'estragon, pois, haricots, ail, oignons, épinards.
−	Plante exigeante en chaleur, du semis à la récolte. ((18°C la nuit et 25°C le jour). Très sensible au gel. Eviter la proximité avec les pommes de terre.
Plantation & conduite de culture	Semer en godet au chaud (20-25°C) sans excès d'arrosage. Planter dans un sol riche, drainé, ameubli, en plein soleil, tous les 30-40 cm. En climat frais, protéger avec une housse ou cloche de forçage). Tuteurer et pailler. Tailler pour améliorer la fructification (surtout en climat frais) : • En Juin, couper au-dessus de la 2ème fleur pour favoriser la pousse des tiges secondaires ; • En Juillet, tailler les rameaux latéraux afin de ne conserver qu'une dizaine de fleurs. En fin de saison, un plant rempoté et gardé hors gel l'hiver peut redonner des fruits plus précoces l'année suivante.
Récolte	Quand les aubergines sont colorées et souples (5 mois après la plantation). Six à dix fruits par pied.
Semences	Récupérer les graines directement dans le fruit (variétés reproductibles). Durée germinatives 6 ans.

Le concombre & le cornichon

Légume fruit	Nom latin : *Cucumis sativus* Famille botanique : Curcubitaceae

Plante potagère herbacée rampante, annuelle.

Semis Récolte	J F M **A M** J J A S O N D J F M A M J J A S O N D

+	Culture possible à proximité des plants de fèves, aneth, basilic, maïs (qui peut servir de tuteur), épinards, brocolis, haricots, cèleris, laitues, pois, radis, oignons ou ail. Culture verticale (tutoré, palissé) / gain de place.
-	Eviter la proximité des pommes de terre et tomates.

Plantation & conduite de culture	Semer en godet au chaud (18-20°C). Planter après les gelées, dans un sol profond, frais, meuble et humifère, tous les 80 cm. Exposition ensoleillée. Tuteurer. Pailler. Arroser au pied. Tailler : • Pincer au-delà de la 3ème ou 4ème feuille : deux nouvelles branches apparaitront ; • Couper après la 3ème feuille sur les branches secondaires ; • Ne laisser qu'une feuille après chaque fruit.
Récolte	Récolter à partir de 2 à 3 mois après le semi, lorsque leur extrémité s'arrondit, avant qu'ils ne jaunissent. Prélever les concombres tous les 2-3 jours et les cornichons tous les jours.
Semences	Graines récupérées dans le fruit (variétés reproductibles). Durée germinative 10 ans.

La courgette

Légume fruit	Nom latin : *Cucurbita pepo* Famille botanique : Curcubitaceae

Plante potagère annuelle.

Semis	J	F	M	**A**	**M**	J	J	A	S	O	N	D
Récolte	J	F	M	A	M	J	**J**	**A**	**S**	**O**	N	D

+	Cultiver près des plants de basilic, oignons, laitues, pois, haricots, tomates ou épinards. Rotation après laitues, épinards, mâche.
-	Eviter l'association avec les plants de concombres, pommes de terre et melons.
Plantation & conduite de culture	Semer en godet en Avril ou directement en place après tout risque de gel en Mai Planter dans un sol fertile, tous les 70 cm à 1m en tous sens. Exposition très ensoleillée. Arroser régulièrement sans mouiller les feuilles. Pailler le pied.
Récolte	Récolter lorsque le fruit est jeune et tendre (ronde de Nice à 8 cm, verte maraichère entre 15 et 20 cm).
Semences	Graines récupérées dans le fruit (variétés reproductibles). Durée germinative de 4 à 6 ans.

Le melon

Légume fruit	Nom latin : *Cucumis melo L.* Famille botanique : Curcubitaceae
	Plante potagère herbacée annuelle.
Semis Récolte	J F M **A M** J J A S O N D J F M A M J J A S O N D
+	Associer aux radis, épinards, haricots. Culture grimpante pour gagner de la place.
-	Eviter la proximité avec d'autres cucurbitacées (concombres, cornichons, courgettes) et les courants d'air
Plantation & conduite de culture	Semer en godet en Avril-Mai. Planter au stade 4-5 feuilles dans un sol riche, enrichi en compost ou fumier, bien drainé, tous les 80 cm à 1 m, après le gel, exposition très ensoleillée. Arroser modérément sans mouiller le feuillage. Pailler le pied. La taille permet de hâter l'apparition des fleurs. Les melons apparaissant sur les 3èmes ramifications : • Au stade 3-4 feuilles : éliminer les 2 cotylédons, et couper au-dessus de la 2ème feuille pour provoquer l'apparition de deux branches ; • Couper au-dessus de la 3ème feuille de chaque branche ; • Ne conserver qu'un melon par rameau tertiaire et ne laisser qu'une feuille après chaque fruit. Supprimer les feuilles autour du fruit pour qu'il profite de l'ensoleillement.
Récolte	Récolter lorsque la couleur du fruit pâlit ou lors de l'apparition de gerçures sur le pédoncule. Jusqu'à 4 à 6 melons par plant.
Semences	Graines récupérées dans le fruit (variétés reproductibles). Durée germinative de 7 ans.

La pastèque

Légume fruit	Nom latin : *Citrullus lanatus* Famille botanique : Cucurbitaceae.

Plante rampante cultivée pour ses fruits.

Semis	J	F	M	A	M	J	J	A	S	O	N	D
Récolte	J	F	M	A	M	J	J	A	S	O	N	D

+	Couvre le sol.
−	Besoins en eau.

Plantation & conduite de culture	Semer au chaud (20°C). Maintenir le terreau humide. Planter dans une terre profonde et riche Laisser 1 mètre entre chaque plant Arroser régulièrement et pailler le pied.
Récolte	Récolter quand la pastèque sonne creux lorsqu'on tape dessus.
Semences	Récupérer des graines dans le fruit. (variétés reproductibles).

Le poivron et le piment

Légume fruit	Nom latin : *Capsicum annuum* Famille botanique : Solanaceae
	Plante potagère, annuelle.
Semis Récolte	J F **M A M** J J A S O N D J F M A M J J **A S O** N D
+	Cultiver à proximité des carottes, basilic ou tomates.
-	Eviter la proximité avec les oignons, aubergines, ciboulette et l'ail. Sensible au gel.
Plantation & conduite de culture	Semer en godet au chaud (20-25°C). Planter au stade 5-6 feuilles, en Mai, après les gelées, dans un sol fertile, léger et aéré, tous les 50 cm. Exposition chaude et ensoleillée. Pailler le pied. Palisser ou tuteurer. Arrosage modéré selon la pluviométrie. Eviter l'excès d'azote qui développe le feuillage au détriment des fruits. Tailler : • Pincer au-dessus de la 6ème tige en haut, et après 2ème fleur sur chaque rameau ; • Au-delà de 12/15 fruits, tailler 2 feuilles au-dessus des derniers fruits. En fin de saison, un plant rempoté et gardé hors gel l'hiver peut redonner des fruits plus précoces l'année suivante.
Récolte	Arrêter l'arrosage 15 jours avant. 6 à 10 fruits par plant.
Semences	Graines récupérées dans le fruit (variétés reproductibles). Durée germinative de 6 à 10 ans.

Le potimarron

Légume Fruit	Nom latin : *Cucurbita maxima* Famille botanique : Cucurbitaceae
	Plante coureuse cultivée pour ses fruits pesant 1 à 3 kilogrammes.
Semis **Récolte**	J F M A M J J A S O N D J F M A M J J A S O N D
+	S'associe aux choux et aux haricots.
−	Sensible au gel. Eviter les pommes de terre à proximité.
Plantation & conduite de culture	Semer en godet au chaud. Maintenir le terreau humide. Repiquer en place en mai après tout risque de gelée. Laisser 1 mètre entre chaque plant. Arroser le pied en soirée par temps chaud. Taille : • Au stade 4-5 feuilles sur la tige principale, tailler après 2 feuilles ; • Laisser 5 feuilles sur les rameaux latéraux ; • Conserver 4 fruits par pied et tailler 2 feuilles après • Supprimer les rameaux non fructifères pour limiter le développement du feuillage. Placer sous les fruits une ardoise ou tuile pour éviter leur contact avec le sol si celui-ci est trop humide.
Récolte	Récolter lorsque le pédoncule prend l'aspect liégeux. 3 à 4 fruits par pied. Conservation plusieurs mois dans un local aéré et frais.
Semences	Récupérer les graines dans le fruit (variétés reproductibles).

La tomate

Légume fruit	Nom latin : *Solanum lycopersicum* Famille botanique : Solanaceae

Plante potagère, annuelle. Nombreuses variétés.

Semis	J	F	M	A	M	J	J	A	S	O	N	D
Récolte	J	F	M	A	M	J	J	A	S	O	N	D

+	Associer avec des œillets d'inde, ail, cèleris, oignons, poireaux, aneth, basilic, haricots, salades, épinards, carottes, radis, ciboulette, persil, choux, mâche. Rotation après laitues, épinards, mâche, radis.
-	Sensible au froid. Eviter les pommes de terre, concombres, cornichons, betteraves, choux rave, ou fenouil à proximité.

Plantation & conduite de culture	Semer en godet au chaud (18-20°c). Planter au stade 5-7 feuilles, en plein soleil (surtout le matin), après tout risque de gelée matinale dans un sol fertile, avec des orties fraiches dans le trou, tous les 70 cm. Enterrer le plant jusqu'au premières feuilles. Arroser abondamment et laisser le sol se ressuyer 10 jours pour favoriser le développement racinaire. Tuteurer. Pailler. Tailler les feuilles malades, au contact du sol et en contact avec un autre plant. Supprimer les gourmands (bouturage possible). Tailler au-dessus du 4ème ou 5ème bouquet de fleurs. Arroser modérément au pied, sans mouiller les feuilles. Supprimer les feuilles en fin de saison pour faire mûrir les tomates.
Récolte	Récolter lorsque le fruit est rouge (arrêt de l'arrosage 15 jours avant).
Semences	Les fleurs s'autofécondent. Graines récupérées dans le fruit. Durée germinative jusqu'à 10 ans.

Les aromatiques

L'aneth	93
Le basilic	94
La ciboulette	95
La coriandre	96
L'estragon	97
Le laurier sauce	98
La menthe	99
L'origan	100
Le persil	101
Le romarin	101
La sauge officinale	103
Le thym	104
La verveine citronnelle	105

L'aneth

Aromatique	Nom latin : *Anethum graveolens* Famille botanique : Apiaceae

Plante aromatique.

Semis	J	F	M	**A**	**M**	J	J	A	S	O	N	D
Récolte	J	F	M	A	M	J	J	A	S	O	N	D

+	Y associer oignons, concombres, salades
−	Eviter la proximité avec les carottes et fenouil

Plantation & conduite de culture	Planter dans un sol fertile, drainé, en plein soleil. Pailler le pied.

Récolte	Selon les besoins Les graines sont récoltées en Septembre.

Semences	Laisser monter en graines.

Le basilic

Aromatique	Nom latin : *Ocimum basilicum* Famille botanique : Lamiacées

Plante aromatique annuelle.

Semis	J	F	M	A	M	J	J	A	S	O	N	D
Récolte	J	F	M	A	M	J	J	A	S	O	N	D

+	Association avec ciboulette ou persil
-	Aucune influence observée

Plantation & conduite de culture	Au printemps, température > 13°-18°c. Planter au stade 3-4 feuilles dans un sol léger, fertile, en plein soleil, protégé du vent, tous les 25 cm. Arroser, pailler. Pincer l'épi floral l'été.
Récolte	Avant la floraison.
Semences	Laisser fleurir quelques tiges et récupérer les graines.

La ciboulette

Aromatique	Nom latin : *Allium schonoprasum* Famille botanique : Liliaceae

Plante vivace aromatique.

Semis	J	F	M	A	M	J	J	A	S	O	N	D
Récolte	J	F	M	A	M	J	J	A	S	O	N	D

+	Proximité avec betteraves, carottes ou concombres.
-	Eviter l'association avec les haricots, pois, fèves

Plantation & conduite de culture	Semi entre 13°-18°c. Levée > 1 mois. Planter dans un sol drainé, léger, plein soleil. Arroser l'été.
Récolte	Avant la floraison.
Semences	Graines noires issues des fleurs mauves. Diviser la motte en fin de printemps.

La coriandre

Aromatique	Nom latin : *Coriandrum sativum* Famille botanique : Apiaceae

Vivace aromatique annuelle.

Semis	J	F	M	A	M	J	J	A	S	O	N	D
Récolte	J	F	M	A	M	J	J	A	S	O	N	D

+	Associations favorables avec les carottes, oignons, choux de Milan ou pommes de terre (éloigne les doryphores)
-	Aucune influence défavorable observée

Plantation & conduite de culture	Tremper les graines avant le semis. Repiquer en place au stade 4-5 feuilles dans un sol drainé, humifère et frais, après le risque de gelée, au soleil, tous les 20 cm. Butter, tuteurer et pailler.
Récolte	Récolter avant la floraison. Récolte les graines plus tard dans la saison.
Semences	Récolte des graines à l'automne.

L'estragon

Aromatique **Perpétuel**	Nom latin : *Artemisia dracunculus* Famille botanique : Astéraceae

Plante vivace aromatique

Plantation	J	F	M	A	M	J	J	A	S	O	N	D
Récolte	J	F	M	A	M	J	J	A	S	O	N	D

+	Rustique.
−	

Plantation & conduite de culture	Planter au printemps, après les gelées, dans une terre humifère et souple, exposée au soleil, tous les 30 cm. Rabattre les tiges à l'automne et pailler le pied pour l'hiver. Le plant peut rester en place jusqu'à 4 ans.
Récolte	Cueillir l'extrémité des tiges.
Semences	Après floraison, les graines sont stériles. Division des touffes au printemps ou bouture semi-ligneuse fin août

Le laurier sauce

Aromatique	Nom latin : *Laurus Nobilis* Famille botanique : Lauraceae

Arbuste au feuillage persistant.

Plantation	J	F	**M**	**A**	M	J	J	A	S	**O**	N	D
Récolte	J	F	**M**	**A**	M	J	J	A	S	**O**	N	D

+	Apporte de l'ombre au potager.
-	Les autres variétés de lauriers sont <u>toxiques</u>.

Plantation & conduite de culture	Plantation dans un sol humifère, profond, drainé et sec. Emplacement ensoleillé, brise vent (supporte les embruns et la sécheresse). Culture en pot possible. Arroser. Pailler l'hiver.
Récolte	Récolte des jeunes tiges sur le pourtour de l'arbuste. Ne pas mettre les feuilles au compost (toxine).

La menthe

Aromatique	Nom latin : *Mentha spicata* Famille botanique : lamiaceae

Vivace aromatique annuelle.

semis	J	F	M	A	M	J	J	A	S	O	N	D
Récolte	J	F	M	A	M	J	J	A	S	O	N	D

+	A proximité des fraises ou choux brocolis
-	Eviter à côté des carottes

Plantation & conduite de culture	Planter dans un sol pauvre et frais, à mi-ombre, tous les 40 cm. Cultiver en pot de 30 cm de diamètre pour éviter une invasion par les tiges souterraines. Pailler en hiver.
Récolte	Avant la floraison
Multiplication	Diviser la souche tous les 3 ans.

L'origan

Aromatique	Nom latin : *Origanum vulgare* Famille botanique : Lamiaceae

Plante vivace aromatique, rampante, cultivée pour ses feuilles consommées fraîches ou séchées en condiment.

Semis	J	F	**M**	**A**	**M**	J	J	A	S	O	N	D
Récolte	J	F	M	A	M	**J**	**J**	**A**	**S**	**O**	N	D

+	Plante résistante à la sécheresse.
−	

Plantation & conduite de culture	Semer au chaud (20-25°C). Planter après les gelées, en pot ou en pleine terre dans un sol drainé, sec et exposé au soleil. Ne pas arroser sauf en cas de sécheresse prolongée.
Récolte	Tout l'été, au fur et à mesure des besoins.
Semences	Récupérer les graines après floraison.

Le persil

Aromatique	Nom latin : *Petroselinum crispum* Famille botanique : Apiaceae

Vivace aromatique biannuelle

Semis	J	F	M	A	M	J	J	A	S	O	N	D
Récolte	J	F	M	A	M	J	J	A	S	O	N	D

+	Y associer haricots ou tomates
-	Eviter la proximité des laitues et cèleris

Plantation & conduite de culture	Tremper les graines 24h avant le semi. Levée des graines > 1 mois. Planter dans un sol fertile, frais, drainé, à mi-ombre, tous les 10 cm.
Récolte	Avant la floraison.
Semences	Récolte des graines en automne. Durée germinative 3 ans.

Le romarin

Aromatique	Nom latin : *Rosmarinus officinalis* Famille botanique : Lamiaceae

Arbrisseau aromatique pouvant atteindre jusqu'à 2 mètres de hauteur, cultivé pour ses feuilles.
Ses fleurs mauves sont mellifères.

Semis	J	F	M	A	M	J	J	A	S	O	N	D
Récolte	J	F	M	A	M	J	J	A	S	O	N	D

+	Rustique, résiste bien au froid. Attire les insectes pollinisateurs / associer aux arbres fruitiers ou aux carottes. Peut être disposé en haies de 50 à 70 cm.
-	
Plantation & conduite de culture	Semer dans un sol réchauffé ou planter une bouture au printemps ou en fin d'été, dans un sol pauvre, caillouteux et sec. Exposition ensoleillée.
Récolte	Au fur et à mesure des besoins.
Semences Multiplication	Récupérer des graines après floraison, ou multiplier par bouturage à l'étouffée.

La sauge officinale

Aromatique	Nom latin : *Salvia officinalis* Famille botanique : Lamiaceae

Vivace condimentaire buissonnante mesurant jusqu'à 70 cm cultivée pour ses feuilles aromatiques.

Semis	J	F	M	A	M	J	J	A	S	O	N	D
Récolte	J	F	M	A	M	J	J	A	S	O	N	D

+	Rustique, résiste bien au froid (jusqu'à -20°C). Repousse certains insectes dont la piéride du chou.
-	

Plantation & conduite de culture	Semer en poquet au début du printemps après les gelées. Plante adaptée pour les sols sableux, drainés et pauvres, ou pour la culture en pot. Planter en plein soleil, tous les 50 cm. Pailler. Rabattre au printemps suivant pour favoriser l'apparition des jeunes pousses.
Récolte	Récolter au fur et à mesure des besoins. Conservation des feuilles séchées.
Multiplication	Bouturer de jeunes pousses au printemps

Le thym

Aromatique	Nom latin : *Thumus vulgaris / citriodorus* Famille botanique : Lamiaceae

Arbuste aromatique mellifère annuelle.

Semis	J	F	M	A	M	J	J	A	S	O	N	D
Récolte	J	F	M	A	M	J	J	A	S	O	N	D

+	Y associer les pommes de terre ou choux brocolis.
-	Sensible à trop d'humidité.

Plantation & conduite de culture	Planter dans un sol bien drainé, en plein soleil. Arrosage minimal.
Récolte	Cueillir les extrémités des tiges en fonction des besoins, avant la floraison. L'hiver, suspendre les tiges en bottes, tête en bas, dans un endroit aéré, à l'ombre.
Multiplication	Bouturer les tiges en été, ou diviser une touffe tous les 3 ans.

La verveine citronnelle

Aromatique	Nom latin : *Aloysia Triphylla (Citrodora)* Famille botanique : Verbénaceae

Arbuste caduc aromatique à tige principale ligneuse à feuilles caduques lancéolées.

	J	F	M	A	M	J	J	A	S	O	N	D
Plantation	J	F	M	A	M	J	J	A	S	O	N	D
Récolte	J	F	M	A	M	J	J	A	S	O	N	D

+	Aucune influence observée
-	Aucune influence observée

Plantation & conduite de culture	Planter au soleil (> 5h de soleil par jour / le soleil active la synthèse des substances aromatiques), à l'abri du gel (Climat doux, paillage du pied). Espacer d'1m. Arroser l'été, rabattre à l'Automne ou en Février, pailler le pied en hiver.
Récolte	Infusion des feuilles (fraîches ou sèches).
Multiplication	Par bouturage à l'étouffée de tiges herbacées en Mai ou de tiges semi-lignifiées en Août-Septembre.

Les fruitiers

L'actinidia (kiwi)	109
Le cassissier	110
Le cerisier	111
Le fraisier	112
Le framboisier	113
Le goji	114
Le groseillier à grappe	115
Le mûrier ronce	116
Le myrtillier	117
Le pêcher de vigne	118
Le poirier	119
Le pommier	120
La vigne	121

L'actinidia (kiwi)

Fruitier	Nom latin : *Actinidia deliciosa* Famille botanique : Actinidiaceae

Arbuste fruitier grimpant à feuilles caduc. Variétés auto-fertiles.

Plantation	J	F	M	A	M	J	J	A	S	O	**N**	D
Récolte	J	F	M	A	M	J	J	A	S	O	**N**	D

+	Produit de l'ombre l'été.
−	Aucune influence observée.

Plantation & conduite de culture	Planter dans un sol riche et bien drainé, à l'abri du vent froid. Exposition ensoleillée ou un peu ombragée. Palisser, arroser, pailler. Taille : • Tailler les rameaux fructifères en hiver en laissant 3 ou 4 yeux au-dessus de l'emplacement du dernier fruit. • Tailler en Juillet en conservant 4-5 bourgeons sur les nouvelles pousses. • Tous les 3 à 4 ans rajeunir les branches fructifères en les rabattant à 2 ou 3 yeux de la base. • Taille en vert : couper les rameaux sans fruits et raccourcir les branches fruitières 4 feuilles après les fruits.
Récolte	Récolter les kiwis en Novembre, avant les premières gelées hivernales. Conservation au frais (5°c)
Multiplication	Par bouturage en Août (rameau vert) ou de Novembre à Janvier (rameau ligneux) à l'étouffée.

Le cassissier

Fruitier	Nom latin : *Ribes nigrum* Famille botanique : Grossulariaceae

Le cassissier est un arbuste fruitier caduc qui produit des baies noires et des feuilles.

Plantation	J	F	M	A	M	J	J	A	S	O	**N**	D
Récolte	J	F	M	A	M	**J**	**J**	A	S	O	N	D

+	Disposer en haie de séparation au potager.
-	Aucune influence défavorable observée.

Plantation & conduite de culture	Tolère tous les sols. Exposition à mi-ombre ou ensoleillée. Espacer de 1m à 1m50. Couper les extrémités des racines et les praliner. Supprimer les branches de plus de 4 ans en Février-Mars. Tailler de façon à laisser entrer la lumière au cœur du cassissier. Pailler.
Récolte	Récolte des baies en Juin/Juillet, Infusion des feuilles (fraîches ou sèches).
Multiplication	Par bouturage de tiges de l'année en Octobre.

Le cerisier

Fruitier	Nom latin : *Prunus cerasus* Famille botanique : Rosaceae

Arbre donnant de petits fruits ronds avec un noyau et un long pédoncule.

	J	F	M	A	M	J	J	A	S	O	N	D
Plantation	J	F	M	A	M	J	J	A	S	**O**	**N**	D
Récolte	J	F	M	A	M	**J**	**J**	A	S	O	N	D
Taille	J	F	M	A	M	**J**	**J**	**A**	**S**	**O**	N	D

+	
–	Les fleurs ne supportent pas les gelées > 3°C (floraison de mars à avril).

Plantation & conduite de culture	S'adapte à tous les types de sols. Emplacement ensoleillé avec peu de vent. Raccourcir les racines de quelques centimètres pour favoriser la formation de radicelles et les praliner. Planter en laissant le bourrelet de greffe au-dessus du sol. Laisser 7 mètres autour de l'arbre. La fructification se fait sur du bois ayant au moins 2 ans. Raccourcir les branches hautes en les coupant au-dessus d'un jeune rameau ou d'un bourgeon.
Récolte	Les premières cueillettes sont possibles à partir de 3 ans.
Multiplication	Par greffage en fente en début d'automne.

Le fraisier

Fruitier	Nom latin : *Fragaria* Famille botanique : Rosaceae

Le fraisier est une vivace fruitière.
Non remontant : production l'été (plantés à la fin du printemps)
Remontant : production intermittente l'été jusqu'au premières gelées, voire l'hiver sous abri (planter un an avant).

Plantation	J	F	M	A	M	J	J	A	S	O	N	D
Récolte	J	F	M	A	M	J	J	A	S	O	N	D

+	Y associer ciboulette, oignons, poireaux, épinards, haricots (apport d'azote), menthe, laitues, thym ou tomates.
−	Eviter la proximité des choux.

Plantation & conduite de culture	Dans un sol riche en matières organiques, frais et ameubli, exposition ensoleillée ou mi-ombre. Couper les stolons pour favoriser la fructification. Pailler avec des aiguilles de conifères. Protéger les fruits avec un filet.
Récolte	Quand les fruits sont rouges.
Multiplication	Par stolons. Remplacer les plants tous les 3 ans.

Le framboisier

Fruitier	Nom latin : *Rubus idaeus* Famille botanique : Rosaceae

Le framboisier est un arbuste fruitier caduc qui produits des fruits et feuilles.

Les « non-remontants » produisent des fruits en Juin/Juillet sur les pousses de l'année précédente ; les « remontants » produisent des fruits en Juin/Juillet et Septembre.

Plantation	J	F	M	A	M	J	J	A	S	O	N	D
Récolte	J	F	M	A	M	J	J	A	S	O	N	D
Taille	J	F	M	A	M	J	J	A	S	O	N	D

+	En haie fruitière.
-	Eviter la proximité avec les choux.

Plantation & Conduite de culture	Planter dans un sol riche en humus, frais et un peu acide, exposition mi-ombre tous les 1m à 1m50. Palisser. Pailler avec des aiguilles de conifères. Laisser 10 branches fructifères par mètre linéaire. Le framboisier fructifie sur des tiges nouvelles et âgées de 1 an. Les variétés remontantes peuvent être taillées à ras en Juin, puis à la moitié des tiges en Septembre.
Récolte	Récolter quand les fruits sont rouges (congélation possible). Les feuilles sont utilisées en tisane.
Multiplication	Par marcottage (division des tiges souterraines)

Le goji

Fruitier	Nom latin : *Lycium barbarum* Famille botanique : Solanacées

Arbuste à feuillage caduc vert, autofertile, qui donne des fleurs lilas en Mai/Juin puis des baies allongées rouges-orangées.

Plantation	J	F	M	A	M	J	J	A	S	O	N	D
Récolte	J	F	M	A	M	J	J	A	S	O	N	D

+	En haie fruitière.
−	Développement anarchique. Nécessite une taille régulière.

Plantation & conduite de culture	Planter dans un sol calcaire, alcalin, sec. Exposition ensoleillée ou mi-ombre. Espacement d'1 mètre. Arroser l'été, pailler en automne. Développement anarchique, tailler pour le rendre touffu.
Récolte	Quand les baies de goji sont rouges. Conservation 12 mois au sec à 3°c ou séchage au four à basse température (à 35°c).
Multiplication	Par bouturage de tiges de l'année.

Le groseillier à grappe

Fruitier	Nom latin : *Ribes rubrum* Famille botanique : Grossulariaceae

Le groseillier est arbuste fruitier caduc.

Plantation	J	F	M	A	M	J	J	A	S	O	N	D
Récolte	J	F	M	A	M	J	J	A	S	O	N	D

+	Association possible avec des haricots. En haie de séparation au potager.
-	Aucune influence observée

Plantation & conduite de culture	Planter dans un sol frais et ameubli, tous les 50 cm, exposition ensoleillée. Pailler le pied. Sélectionner 4-5 branches vigoureuses à conserver et couper les autres à ras. Raccourcir les tiges de moitié en Février. Aérer le centre de l'arbuste en automne. Tailler les tiges tous les 4-5 ans.
Récolte	Récolter quand les fruits sont rouges.
Multiplication	Par bouturage des tiges de l'année en Automne.

Le mûrier ronce

Fruitier	Nom latin : *Rubus fruticosus* Famille botanique : Rosaceae

Arbustes à tiges sarmenteuses donnant des fruits noirs sucrés.

Plantation	J	F	M	A	M	J	J	A	**S**	**O**	**N**	**D**
Récolte	J	F	M	A	M	**J**	**J**	**A**	**S**	O	N	D

+	Très rustique. Favorise la biodiversité.
−	Envahissant.

Plantation & conduite de culture	Plantation en automne, tous les 2 mètres, dans un sol frais et riche en humus. Possibilité de palisser les longues tiges contre un mur par exemple. Exposition ensoleillée ou mi-ombre. Réaliser une taille annuelle : couper au ras du sol les branches ayant fructifié, et conserver 5 ou 6 branches de l'année pour la fructification de l'année suivante. Enrichir la terre en compost l'hiver.
Récolte	La fructification se fait sur les tiges de 2 ans. Récolter à maturité en été.
Multiplication	Par marcottage des tiges de 2 ans, ou bouturage de tiges semi-lignifiées en Juillet.

Le myrtillier

Fruitier	Nom latin : *Vaccinum myrtillus* Var. corymbosum Famille botanique : Ericaceae

Arbuste autofertile produisant des baies bleues pouvant mesurer jusqu'à 2 mètres.

Plantation	J	F	M	A	M	J	J	A	S	O	**N**	D
Récolte	J	F	M	A	M	J	J	A	S	O	N	D

+	Rustique. Les fleurs sont mellifères.
-	

Plantation & conduite de culture	Le myrtillier apprécie les sols acides. Avant la plantation, préparer l'emplacement, à mi-ombre, avec de la terre de bruyère, des aiguilles de pins et du terreau de feuilles. Laisser 2 mètres entre deux pieds. Pailler avec aiguilles et écorces de pins. Supprimer les boutons floraux pour favoriser le développement de l'arbuste. Tailler en hiver (les branches basses, rameaux chétifs, vieux bois)
Récolte	La fructification se fait 2 à 3 ans après la plantation. Récolter lorsque les fruits prennent une teinte bleue. Conservation 12 mois au congélateur.
Multiplication	Par division, bouturage ou marcottage.

Le pêcher de vigne

Fruitier	Nom latin : *Prunus persica* Famille botanique : Rosaceae

Pêcher autofertile produisant des pêches de couleur grises à chair orange-rouge, mesurant 3 à 5m.

Plantation	J	F	M	A	M	J	J	A	S	O	N	D
Récolte	J	F	M	A	M	J	J	A	S	O	N	D
Taille	J	F	M	A	M	J	J	A	S	O	N	D

+	Productif.
-	

Plantation & conduite de culture	Planter, hors gel, au printemps ou en automne dans un endroit ensoleillé et abrité des vents froids, dans un sol drainé. Après fructification, tailler les rameaux ayant porté les fruits, supprimer le bois mort et les branches qui se croisent, pour faire rentrer le soleil au centre du fruitier. Réaliser la taille avant les premières gelées.
Récolte	Cueillir les fruits mûrs et consommer rapidement. Conservation très courte / transformation en compotes et confitures.
Semences & multiplication	En récupérant les noyaux qui germeront en terre au printemps suivant ou par greffe.

Le poirier

Fruitier	Nom latin : *Pyrus communis* Famille botanique : Rosaceae

Arbre fruitier rustique. Nombreuses variétés.

Plantation	J	F	M	A	M	J	J	A	S	O	N	D
Récolte	J	F	M	A	M	J	J	A	S	O	N	D
Taille	**J**	**F**	M	A	**M**	J	J	A	S	O	**N**	D

+	Rustique.
−	

Plantation & conduite de culture	Planter un plant greffé, au soleil, dans un sol riche et frais. Praliner les racines. Réaliser une première taille en coupant toutes les branches à 25cm de la base, au-dessus d'un bourgeon extérieur. Laisser 7 mètres autour de l'arbre. Taille : ne laisser que 3 à 4 yeux sur les rameaux secondaires ou latéraux et couper au-dessus des boutons à fleurs ou des brindilles couronnées. En mai ne conserver que 2 fruits par groupe.
Récolte	De juillet à octobre selon les variétés.
Multiplication	Par greffage sur poirier franc ou cognassier (*Cydonia oblonga*).

Le pommier

Fruitier	Nom latin : *Malus pumila* Famille botanique : Rosaceae

Un des plus anciens arbres fruitiers, pouvant vivre plus d'un siècle.

Plantation		J	F	M	A	M	J	J	A	S	O	**N**	D
Récolte		J	F	M	A	M	J	J	A	S	O	N	D
Taille		**J**	**F**	M	A	**M**	J	J	A	S	O	**N**	D

+	Rustique.
−	

Plantation & conduite de culture	Choisir un pommier avec un porte-greffe adapté au type de sol Planter en automne dans un sol profond, riche et drainé, avec une exposition ensoleillée, après avoir praliné les racines. Réaliser une première taille à la plantation (idem poirier). Taille : ne laisser que 3 à 4 yeux sur les rameaux secondaires ou latéraux et couper au-dessus des boutons à fleurs ou des brindilles couronnées. En mai ne conserver que 2 fruits par groupe.
Récolte	De juin à octobre selon les variétés. Conserver à l'obscurité dans un local frais et aéré.
Multiplication	Par greffage pour reproduire une variété avec fidélité (greffe en fente au début du printemps)

La vigne

Fruitier	Nom latin : *Vitis vinifera* Famille botanique : Vitaceae

La vigne est un arbuste fruitier caduc. Nombreuses variétés.

Plantation	J	F	M	A	M	J	J	A	S	O	N	D
Récolte	J	F	M	A	M	J	J	A	S	O	N	D

+	Aucune influence observée
-	Les bourgeons sont détruits à -2°C.

Plantation & conduite de culture	Planter un cep adapté au climat local, dans un sol calcaire, siliceux, drainé, caillouteux, en automne (enracinement), ensoleillé, abrité du vent ou contre un mur. Point de greffe au-dessus du sol. Palisser. En février, supprimer les sarments ayant fructifié. Laisser 2 à 4 bourgeons sur le sarment de remplacement : Le bourgeon En Mai-Juin, éliminer les ramifications qui poussent vers le bas et les sarments non fructifères.
Récolte	Le fruit ne fructifie que sur les rameaux de l'année en cours, nés eux-mêmes sur le bois de l'année précédente. Enlever quelques feuilles en été pour faciliter le murissement des grappes de raisin, puis les petits grains 15 jours avant la récolte.
Multiplication	Par bouturage des tiges de l'année en Automne.

Les partenaires naturels du potager

Les paillis

Pailler permet :
- de limiter l'apparition des mauvaises herbes ;
- de maintenir l'humidité et ainsi limiter les arrosages ;
- de maintenir la chaleur ;
- de limiter l'assèchement du sol par le rayonnement solaire ;
- d'apporter des nutriments au sol en se décomposant ;
- de favoriser la biodiversité.

Paillis favorables :

- Feuilles de châtaigniers : bien assimilées ;
- Fougères :
    - Luttent contre la progression des limaces ;
    - Leur décomposition apporte azote, potasse et phosphore ;
- Feuilles de Hêtre : apportent de l'acidité au sol ;
- Aiguilles de pins : apportent de l'acidité au sol ;
- Feuilles de noisetier : bien assimilées ;
- Broyat forestier / copeaux de bois ;
- Tontes de gazon : riche en azote ;
- Paille.

Paillis défavorables :

- Feuilles de chêne : inhibitrices de croissance ;
- Feuilles d'eucalyptus : produisent une toxine en se dégradant (désherbant naturel).

Le compostage de surface

Les déchets organiques enterrés sous le paillis d'une butte fertilisent et réchauffent le sol en se décomposant grâce aux micro-organismes.

- Déchets carbonés :
    - Feuilles mortes ;
    - Copeaux de bois ;
    - Papier sans encre ;
    - Marc de café ;
    - Coquilles d'œufs fragmentées.

- Déchets azotés :
    - Tonte de pelouse ;
    - Mauvaises herbes ;
    - Épluchures de fruits & légumes (sauf les agrumes).

Les haies

Les haies d'arbustes ont leur intérêt au potager :
- Leur feuillage protège les cultures des vents forts ou desséchants qui perturbent le rendement ;
- Elles favorisent la biodiversité ;
- Elles stockent du dioxyde de carbone ;
- Elles stabilisent le sol avec leurs racines ;
- Elles régulent l'humidité du sol.

Les plantes sauvages

Pour désherber, préférer sarcler plutôt qu'arracher : les racines participent à enrichir le sol en sécrétant des substances nutritives et en se décomposant.

Le purin d'ortie

Utilisé comme engrais ou insecticide selon le dosage.

- **Préparation :** faire macérer 10 L d'eau + 1 à 1,5 kg feuilles d'orties hachées (jeunes pousses) dans un récipient hermétique, à l'abri de la lumière (fermentation terminée quand il n'y a plus de bulles). Mélanger tous les jours.
    - 1 semaine à 30°c ;
    - 2 semaines à 20°c ;
    - 3 semaines à 5°c.

  Filtrer (jeter les fibres au compost).
  Conserver dans un récipient hermétique.

- **Utilisation dilué en arrosage ou pulvérisation**
    - 20 % = 10 L d'eau + 2 L de purin :
        - en pulvérisation sur le sol contre les maladies cryptogamiques -champignons, algues, lichens- comme le mildiou).
        - croissance (engrais riche en sels minéraux et azote).
    - 10 % = 10 L d'eau + 1 L de purin :
        - Insecticide en pulvérisation (contre pucerons).
        - Pur : activateur de compost.

Le purin de consoude

- Fertilise le sol en apportant du potassium.
- Préparation : 1kg de consoude dans 10 L eau pendant 4 à 6 semaines. Filtrer après macération.
- Arroser ou pulvériser sur les carottes, radis, tomates, courgettes…
- Pur : activateur de compost.

Alterner les arrosages avec purin d'ortie puis de consoude tous les 15 jours.

Le purin de fougère

Utilisation en engrais riche en potassium et magnésium ou insecticide (répulsif à limaces, escargots, ravageurs, piéride du chou, pucerons).

- **Préparation :** macération de 1 kg de fougères hachées dans 10 L d'eau, dans un récipient couvert.
  Laisser macérer 2 semaines (moins s'il fait chaud – signe de fermentation = bulles).

- **Utilisation après filtration :**
  - Dilué à 10 % : prépare le sol une semaine avant la plantation de pommes de terre.
  - Pur : insecticide, traitement des maladies cryptogamiques (rouille, oïdium).

Le purin de feuilles de tomates

Utilisé comme répulsif sur la piéride du chou, la teigne du poireau, la mouche de la carotte, insecticide sur les pucerons ou engrais.

- **Préparation :**
  - fermentation 3-4 jours de 500g de gourmands dans 5 L d'eau. Mélanger tous les jours.
  - Filtrer.
  - Conservation dans un récipient hermétique.

- **Utilisation :**
  - pur comme répulsif ou insecticide en vaporisation tous les 2-3 jours.
  - dilué comme engrais (1 litre de purin dans 3 litres d'eau de pluie).

Les décoctions

L'absinthe (*Artemisia absinthium*).
- Insecticide préventif contre les chenilles, mollusques, pucerons.
- Faire bouillir 30 minutes 100g de plante séchée dans 1 L d'eau et laisser refroidir.
- Filtrer et pulvériser sur les plants de tomates, courgettes, aubergines.

L'ail
- Insecticide et fongicide.
- Faire bouillir 100g d'ail broyé dans 1 litre eau. Filtrer. Pulvériser.

Les autres traitements

Le savon noir
- Insecticide.
- 1 cuillère à soupe de savon noir / 1 L eau.
- Pulvérisation au printemps comme insecticide.

Le savon de Marseille
- Contre les pucerons (tomates /aubergines).
- Râper 100g de savon de Marseille / 1L eau + 1 cuillère à soupe d'huile d'olive.
- Vaporiser une fois dissous.

Le marc de café
- A mélanger avec la terre lors du semis de carottes.

Les cendres de bois
- anti-limaces et anti-chenilles.
- Mélanger avec les pelures d'oignons et de pommes de terre.

Lait de chaux (blanc arboricole)

Traitement d'hiver antiseptique (antiparasitaire et antifongique) qui détruit les larves des parasites nichant sous l'écorce des arbres fruitiers ainsi que les champignons microscopiques.

- **Préparation** (porter gants et lunettes de protection) :
    - Verser 3 volumes d'eau dans un seau métallique
    - Ajouter 1 volume de chaux vive agricole
    - Couvrir d'une planche le seau pendant l'effervescence
    - Laisser reposer une nuit
    - +/- une verre de savon noir (renforce l'adhérence sur le tronc)
- **Utilisation :** application en Février, un jour sans pluie et sans vent : nettoyage du tronc à la brosse dure, et application au pinceau plat et large.

Les engrais verts

Les engrais verts cumulent plusieurs avantages :

- Limitent l'assèchement du sol entre deux cultures ;
- Limitent le lessivage et la perte des nutriments ;
- Limitent la colonisation du sol par les mauvaises herbes
- Préservent les micro-organismes ;
- Améliorent la structure du sol ;
- Après leur incorporation, ils enrichissent le sol en humus et azote pour la culture suivante.

Quelques exemples :
- Le blé d'hiver ;
- Les légumineuses qui enrichissent le sol en azote (trèfle, pois, luzerne, lupin bleu, vesce) ;
- Les crucifères pour les sols sableux (colza, moutarde) ;
- Les graminées (l'avoine qui lève dans un sol < 10°C, le seigle à croissance rapide) ;
- Le sarrasin, mellifère, à cycle de développement court, enrichie le sol en azote et phosphore ;
- La phacélie, étouffe les mauvaises herbes et mellifère, attirant les insectes pollinisateurs.

Périodes de semis des engrais verts :

Blé d'hiver	J	F	M	A	M	J	J	A	S	O	N	D
Trèfle	J	F	M	A	M	J	J	A	S	O	N	D
Pois	J	F	M	A	M	J	J	A	S	O	N	D
Luzerne	J	F	M	A	M	J	J	A	S	O	N	D
Lupin bleu	J	F	M	A	M	J	J	A	S	O	N	D
Vesce d'hiver	J	F	M	A	M	J	J	A	S	O	N	D
Vesce de printemps	J	F	M	A	M	J	J	A	S	O	N	D
Colza	J	F	M	A	M	J	J	A	S	O	N	D
Moutarde	J	F	M	A	M	J	J	A	S	O	N	D
Avoine	J	F	M	A	M	J	J	A	S	O	N	D
Seigle	J	F	M	A	M	J	J	A	S	O	N	D
Sarrasin	J	F	M	A	M	J	J	A	S	O	N	D
Phacélie	J	F	M	A	M	J	J	A	S	O	N	D

Récupérer et conserver les semences

Plusieurs avantages :
- Economies ;
- Sélection des meilleurs plants, adaptés au climat local ;
- Autonomie ;
- Echange de graines.

Inconvénients :
- Pollinisations croisées et hybridations (isoler les plants pour assurer la pureté variétale).

Extraction des semences sèches (légumes feuille ou racine) :

- Laisser fleurir et mûrir le plant en le laissant en terre (montée en graine) ;
- Récolter les gousses quand elles sont brunes et sèches ;
- Vider les gousses en séparant les graines des déchets (morceaux de gousses, capsules, tiges…) ;
- Sécher les semences sous abri pour une bonne conservation ;
- Conserver les semences séchées, dans une enveloppe, dans un endroit frais, sec, sans lumière. Noter le nom et l'année.

- **Pois et haricots :** laisser mûrir, sécher les gousses sur la plante et les récupérer (conservation ou graine ou consommation secs).

Extraction des semences humides (tomates, melons…) :

- Récolter à pleine maturité ;
- Enlever la pulpe autour des graines en les étalant sur une feuille d'essuie-tout ;
- Laisser sécher une fois la pulpe enlevée ;
- Conserver les semences séchées, dans une enveloppe, dans un endroit frais, sec, sans lumière. Noter le nom, la variété et l'année.